Nakamura Senjaku 中村扇雀

三代目扇雀を生きる

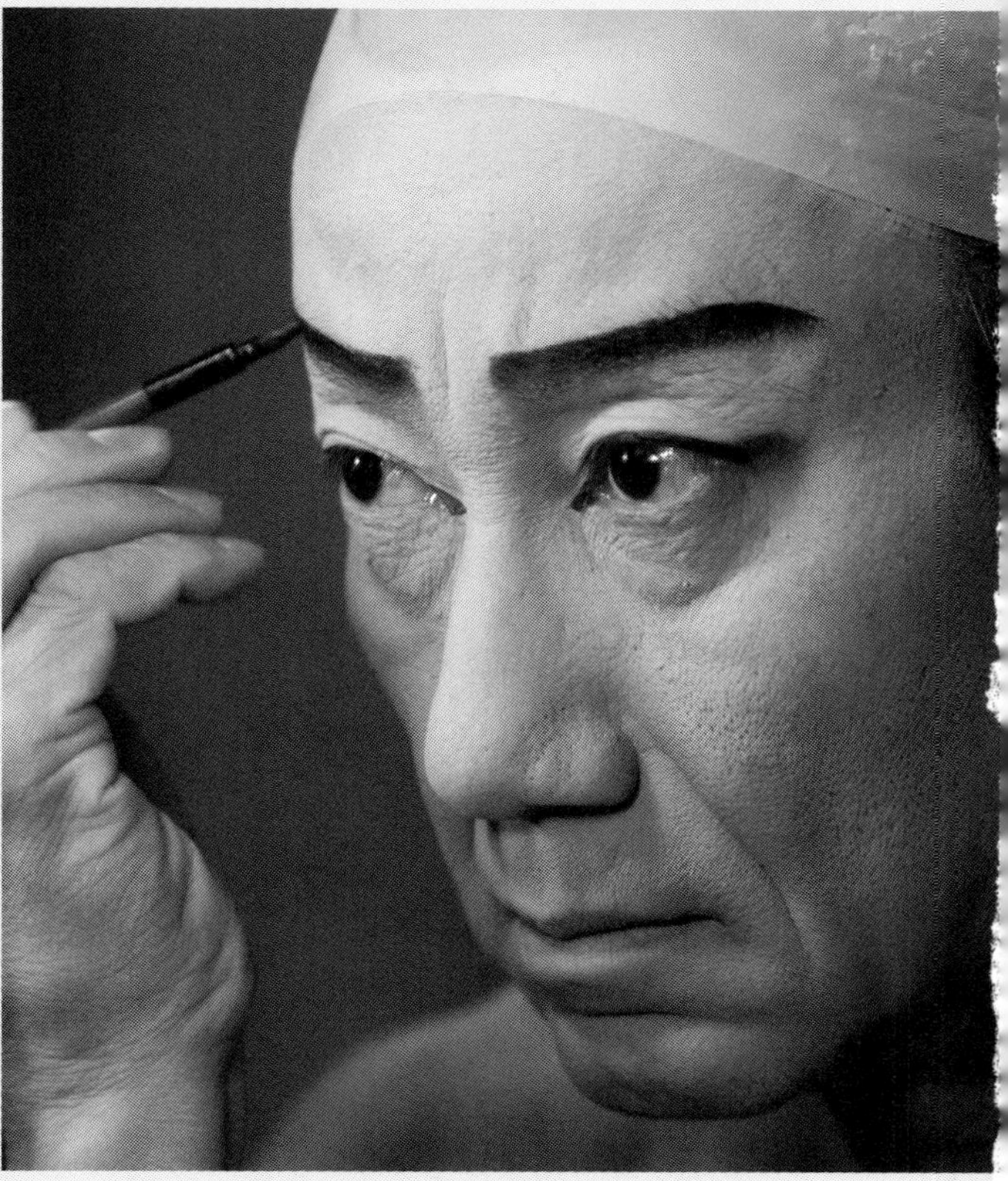

論創社

プロローグ——大阪の夜

ここ数年来、感じたことのないほど暖かい、冬の夜だった。二〇一六年一月、私は両親、そして友人であり役者仲間でもある男と、大阪は北新地の料理屋にいた。思えば、両親とこうして酒を酌み交わすのも実にしばらくぶりだ。

親父とお袋の前には、スーツにネクタイをきつく締め、恐縮した面持ちの男が座っている。両親は、私の隣にいる男の緊張をほぐそうと、私の誕生の秘話を披露している。親父が、「この子はね、あんたの曾《ひい》おじいさんが、私を北海道の巡業に連れて行ってくれたときに、できた子なんだ。曾おじいさんには可愛がってもらったよ」と言えば、お袋がすかさず応じる。「そうそう、登別温泉だったかしら。私も巡業に同行したのよ」

そうか、俺がこの世に生を受けた地は、北海道だったのか……。五十歳も半ばを過ぎた自分が、母の胎内に宿った瞬間に思いが飛んだ。

俺はこの両親から生まれ、人生の折り返し地点を過ぎた今、何をしてきたのだろう。これから何をするのだろう。


私は、歌舞伎役者の三代目中村扇雀《せんじゃく》だ。そして、親父は歌舞伎役者の四代目坂田藤十郎《さかたとうじゅうろう》、お袋は元女優で政治家の扇千景《おうぎちかげ》である。

盃を重ねるうちに、隣の男の緊張も緩んできたようだ。

彼は映像の世界において、その実力と存在感で右に出るものはいないと言われる俳優の香川照之《かがわてるゆき》こと、歌舞伎役者の九代目市川中車《ちゅうしゃ》さんである。私の両親は、彼の曾祖父である先代の猿翁《えんおう》さんとの縁と、お母さんである女優・浜木綿子《はまゆうこ》さんもお袋と同じ宝塚歌劇団出身の関西人という共通点があることから、彼の歌舞伎界入りを大変喜び、一席設けたというわけだ。

これからまず、ほろ酔い気分で思い出を語っている両親と私についての話をしよう。

三代目扇雀を生きる

もくじ

第二章 役者の運命《さだめ》

第三章 扇雀流芝居づくり

第四章 三六五日舞台の軌跡

第五章 伝統芸能を娯楽に

第六章 人生語り

第一章 学業優先の御曹司

両親の英断

若く美しかった親父とお袋の、仲睦まじい北海道巡業から十月十日《とつきとおか》を経て、私は一九六〇年十二月十九日、東京で誕生した。

原風景というのだろうか。いちばん最初の記憶は、お袋のお腹の中から見ていた、南麻布の愛育病院の景色だ。お袋はここで私を出産した。就学時健康診断で、お手伝いさんに連れられ、生まれて以来初めてこの病院に訪れた私は、「ボク、ここ知ってるよ。この階段を上がったところに、赤ちゃんがたくさん寝ているんだよね?」と、得意げに話して周囲を驚かせたそうだ。まだ古い愛育病院の薄暗い階段の辺り、ガラス張りの新生児室の雰囲気まで、ありありと覚えている。

私は、両親の仲人でもある劇作家の川口松太郎先生に「浩太郎《ひろたろう》」と名付けられた。

先生は、浩宮殿下のご誕生の年であったことから一字いただき、「浩《ひろ》」という名を持ってきてくださった。しかし、「林浩《はやしひろ》」では短かすぎて収まりがよくないという理由で、私は「林浩太郎《はやしひろたろう》」となった。「太郎」は川口先生、親父（宏太郎）と曾祖父（玉太郎）の本名にちなんでいる。

「お父様との思い出は？」とよく聞かれるのだが、私だけでなくおそらく兄貴も、親父との親子らしい思い出というものを持たずにいる。

キャッチボールをしようとしたら、親父はボールが投げられなかったこと……くらいだろうか。実際のところ、親父はずっと役者として昼は舞台、夜は映画と多忙を極め、家にいる時間はほとんどなかった。

またお袋は、私が生まれてから、一週間ほどで女優の仕事を再開した。私たちは、住み込みのお手伝いさんらに育てられた。母との思い出もあまりなくて、雑誌の撮影で家にいたときくらいしか、一緒に過ごした記憶はない。

女性は専業主婦として家事・育児をするのが当たり前だった昭和三十年代、両親の姿はまさに時代の先を行くカップルだった。友人の家に遊びに行くと、いつも彼らのお母さんが出迎えてくれて、何かと世話を焼いてくれる。寂しくなかったのかと尋ねられたら、ないわけではない。しかしながら、友達を妬んだり、ひねくれたりせずに育つことができたのは、両親の「家族四人の暮らしを守りたい」という祈りにも似た願いを、凛とした二人の、役者らしい背中に見続けていたからだと思う。

そんな両親の——と言っても、親父は良くも悪くも、子供たちのことはすべてお袋に任せていたから、お袋のというべきだろう——教育方針とは、歌舞伎役者の家からすれば、極めて異例のものだった。

我が成駒家《なりこまや》（我が家の屋号は「成駒屋」だったのだが、二〇一五年、兄が四代目鴈治郎《がんじろう》を襲名したのを機に、中村鴈治郎一門は「成駒家」に変更した。これは初代鴈治郎が、「成駒屋」を屋号としていた五代目中村歌右衛門《うたえもん》への気遣いから「成駒家」としていた時期があったからである。本書では、二〇一五年以前の記述には「成駒屋」を、それ以降については「成駒家」を使用する）・鴈治郎家は上方の歌舞伎役者の家系で、代々上方の地で暮らしてきた。しかし、両親は、結婚してから東京に居を移したのである。祖父の二代目鴈治郎の家では、お袋の思い描いた自由な新婚生活は望めなかったようだ。東京での独立した生活と、松濤に購入した家の借金返済のために、両親が無我夢中で働いた日々を、親父は「二四時間営業」と表現していた。

父は上方歌舞伎の大看板・初代中村鴈治郎の孫であり、二代目鴈治郎の長男として京都で生まれ、「成駒屋のぼんぼん」として、蝶よ花よと育てられた。役者の子だからと、体育の授業には参加せず日陰で見学、というような育ち方をして、旧制中学を卒業するとすぐに歌舞伎の道に入った。

神戸の銀行員の家庭に生まれ、宝塚音楽学校を経て女優になったお袋は、日常生活から浮世離れしている親父を見て不安に思い、兄貴と私を小学校から大学までの一貫教育である慶應義塾に通わせた。

そして兄貴が八歳、私が六歳の六月六日、藤間勘寿朗《ふじまかんじゅろう》先生に日本舞踊の稽古を始めていただいた。親父も紋付を着て、記念写真に納まっているが、この日から今日まで、親父から稽古事について何か言われたことは一度もない。師匠にお預けしたら、すべてお任せするということなのだろう。ちなみに、親父は息子たちの通知表なども、見たことがなかったと思う。子供に関心がなかったのではなくて、自分もそういう育ち方をしたし、「そんなものはどうでもよい、気にならない」という感覚なのだろう。

勘寿朗先生は、親父が十五歳のときから女形《おんながた》の手ほどきをしてくださった関西のお師匠さんである。父がお願いして、私の自宅の稽古場で教わることになった。役者の子供の多くは踊りの先生が持つ稽古場に通い、そこで同年代の友達やライバルをつくる。しかし、私たち兄弟は、唯一していた和のお稽古でさえ、役者仲間と交わることなく育つことになった。

初舞台は小学校一年生で、舞台に出ることが何度か続いたが、そのためには学校を早退や欠席しなければならない。あるとき、学校から、「このままでは他の子供たちに示しがつかないし、勉強も遅れてしまいます。舞台に出るなら、慶應は辞めてください」と言われたそうだ。せっかく入った学校を途中で辞めることはできない。お袋は、それなら少なくとも義務教育の間だけは学業優先でいこう、と決めた。しかし、私が再び舞台に立ったのは、大学を卒業してからである。

この選択が正しかったのかどうかは、今も分からない。でも、もしもそこで慶應を辞め、日舞や邦楽の稽古に通い、学校を休んで歌舞伎の舞台に立っていたら、おそらく今の扇雀も、林浩太郎もいなかったはずだ。

しかし、大学卒業後に歌舞伎の世界へ舞い戻った私は、それまで経験したことがなかったような苦労を味わうことになった。私はそんな未来が待っていようとは思いもせず、スポーツ、勉強、遊びと、青春時代を存分に楽しんでいた。

上方歌舞伎の名門・鴈治郎家の息子二人を学業優先にさせていた両親だが、決して役者にならなくてもよいとは考えておらず、やがて歌舞伎役者になるのだと、ごく自然に思っていたようだ。ただ、「役者になりなさい」と、強要された覚えは一度もない。

担任の先生は、「浩太郎君はとても優秀なので、このまま進学すれば、大学は慶應医学部の推薦が取れますよ」と伝えた。慌てたお袋は、こう言った。
「いいえ、ウチは医者じゃなくて、役者にします」

祖父・二代目鴈治郎と初舞台

初舞台は歌舞伎座で一九六七年、小学校一年生の十一月で、兄貴は三年生だった。『紅《こう》梅《ばい》曾《そ》我《が》』の箱王丸は二十分ほどの舞踊劇だったが、名付け親で両親の仲人である川口松太郎先生が、私たち兄弟を曾我兄弟に見立て、書き下ろしてくださったものだ。

私たちの初舞台を誰より待ち望み、喜んだのは祖父の二代目鴈治郎だった。祖父のことは「おじいちゃん」と呼んでいた。いつも柔和な笑顔で、もちろん怒られたことなどない。あるとき珍しく、めったに私に稽古をつけたことのない親父が、おじいさんもいた稽古場で幼い私にダメを出したことがあった。すると、「そんな、怒らんでええで」と、かばってくれた。それほど優しいおじいさんを、本気で怖いと思ったことがある。

小学校三年生くらいだったろうか、『伽羅先代萩《めいぼくせんだいはぎ》』の八汐《やしお》をおじいさん、私が千松《せんまつ》を勤めた。おじいさんが私の胸元を摑んで「これでもか、これでもか！」と、懐剣《かいけん》で私の扮する千松を殺しにかかるくだりでは、「僕はこのまま殺されちゃうんだ！」と、それは恐ろしくて仕方がなかった。

それほどおじいさんの八汐は定評があった。後《のち》に玉三郎《たまさぶろう》のおにいさんが政岡《まさおか》をお勤めになり、私を八汐に抜擢していただいたときには、おじいさんが着ていた衣装を探し、寸法を直して舞台で着させてもらった。おにいさんはこう言った。

「衣装だけじゃなくて、お芝居もおじいさんと同じにね」

おじいさんのあの八汐に追いつき、越せる日はくるのだろうか。

南座の顔見世興行がある十二月は学校が冬休みだったので、京都の祖父の家によく泊まりに行った。御所の中で、凧揚げをして遊んだのを覚えている。着ているコートやセーターまでも冷たくなるほど寒いのが、京都の冬だ。一緒に走り回る兄貴の頬が、林檎みたいに赤くなるのが不思議だった。

京都の家では二階が寝室だった。灯りを消し、東京の家より重く感じる布団に入っても、すぐに寝つけず瞼を開けると、ズラリと飾ってある日本人形が今にも動き出しそうで怖かった。京都に来るのが楽しみで仕方がないのに、こんなときには、やけに渋谷の家が恋しくなるのだった。


おじいさんは東京に来ると、兄貴と私を連れて皇居の二重橋に行き記念撮影をするのが恒例でもあり、楽しみの一つになっていた。私たち二人の孫と写真に納まる祖父の姿には、明治生まれの役者にしか出せない滋味《じみ》がある。おじいさんは、他所の女性に子供を生ませたこともあって、当時の役者の常とは言え、祇園の舞妓だった祖母は、じっと唇を嚙んで耐えたようだ。

祖父二代目鴈治郎は、生きざまが丸ごと役者の味わいとなっているような男だった。繊細さゆえの傷つきやすさ、優しさ、色気と愛敬がないまぜになった目に触れると、誰もが好きになってしまうので、ひとたび舞台に出るとたまらない。上方役者独特の、理屈抜きで親しみやすく、演技なのかアドリブなのか分からない芝居で、観る人を魅了する。それほどの役者でありながら、父である初代鴈治郎の偉大さと闘い続けた人だったとも聞く。役者の家の父子関係とはどこも切ないものなのだろうか。

おじいさんは、とにかく早く、孫たちと一緒に舞台に立ちたかったのだろう。私たち兄弟の初舞台は、日本舞踊の稽古を始めて数ヵ月後のことだった。

この年は、曾祖父である初代鴈治郎の三十三回忌にあたり、追善興行でもあったが、それは豪華な初舞台で、お祝いに車が贈られたほどだった。

兄貴と二人でせりで上がってくるのだが、その瞬間の高揚感、そして割れんばかりの拍手喝采を、今でも鮮明に記憶している。べとべとしてやけに甘ったるい匂いの鬢《びん》付《つ》け油を顔に塗られるのが嫌でたまらなかったのだが、終わると大好きなラーメンを食べさせてくれる、という餌に釣られて、なんとか一ヵ月をこなした。

おじいさんは、私たちともっと共演したかったようだ。後に、橋之助《はしのすけ》時代の八代目芝翫《しかん》さんが、笑いながらこんな思い出話をしてくれた。彼は子供の頃から舞台に出ていたのだが、祖父と共演したときのことだ。

「『わてなぁ、ほんまはあんたと演《や》りたくないんや。ほんまは孫たちと演りたいねん。でも嫁が出してくれないんや』そう言われて、子供心に傷ついたんだよなぁ」

祖父には学校の事情など分からず、お袋がしていることだと思っていたのだろう。いかにもおじいさんらしいエピソードではあるが、芝翫さんには申し訳ないことをしたものだ。

「会長」と呼ばれた高校時代

「医者でなくて、役者にします」とお袋が言ったほど成績優秀だったのは中学生の頃の話で、高校に入ると途端に勉強をしなくなった。冗談で〝暗黒時代〟と呼んでいるが、今から思うと、毎日が充実していた。

両親は野放図にしてくれていたから、何をするにも自由だった。

周囲からは「優等生がどうしていきなり?」と驚かれるのだが、当時の慶應ボーイよろしく遊びを覚えたこと、中学まで所属していたバスケ部に入るには、身長が低くて断念したことがその理由《わけ》だ。

勉強も部活もしなくなり、余った時間は、映画やビリヤード、喧嘩なんかに使うことになる。喧嘩といっても、あちこちでそんなことをしていた時代だ。場所は決まって、自由が丘のとある神社。先輩の彼女を取ったとか、仁義に反するようなことをした奴をとっちめる、そんな他愛もないことだ。だから、かけがえのない友達がたくさんできた。

生まれ育った渋谷の街が遊び場だった。渋谷は、今のように人や店でザワザワしていなかった。映画や音楽に傾倒したのもこの頃だ。渋谷の駅前にあった全線座という映画館は、一年前や半年前のロードショー二本立てを、五〇〇円で上映していた。ここで洋画を観ていたときのことだ。一階が混んでいたので観客もまばらな二階席に座ると、中年男性がするりと隣に来て太ももを撫でてくる。さすがに恐くなって、二度と二階に座るのはやめた。

私の高校時代は、ディスコチューンの全盛期で、アース・ウィンド&ファイアーに始まり、イーグルスを経て、クィーンへと行き着いた。ご多分に漏れず私も、フレディ・マーキュリーには衝撃を受け、彼をきっかけにロックにものめりこんでいった。アメリカの人気音楽番組であった『ソウル・トレイン』を夢中で観ていて、気に入った曲のレコードを買いに走ったものだ。あらゆることをスポンジのように吸収できる十代に、心から好きなモノを見つけられたことは、とても幸せだと思う。

成績は落ちたが、自由を謳歌《おうか》していた高校二年のとき、先輩から突然言われた。

「お前、来年の生徒会長に立候補しろ」

当時の慶應の生徒会にいたのは、落第を重ねたり、いわゆる本筋から外れたような、面白い生徒ばかりだった。

ちょうどお袋が国会議員になった時期と重なり、私の名前と似顔絵が印刷された選挙ポスターを見ると、何だかおかしかった。

そして私は晴れて、慶應義塾普通部創立三〇周年時の生徒会長となり、卒業までの一年半の間は、「会長」と呼ばれることになった。

このときとばかりに、私が引きずり込むように生徒会に誘ったのが、小学校からの幼馴染で今でも仲の良い音楽家・千住《せんじゅ》明《あきら》だ。中学の三年間で同じクラスになり、よくつるんでいた。後に東京藝術大学に進学した明だが、高校時代はロン毛にしてロックをやっていた。本人曰く、「悪いことは全部、浩太郎に教わった」そうなのだが、そんな明と一緒に、私の〝会長ライフ〟がスタートした。

時代もよかった。慶應義塾高校のある東横線日吉駅を挟んで、東側は学校、西側は主婦が経営していた喫茶店のある商店街だ。どちちのほうによく行っていたかはご想像に任せる。生徒会長になってからは、この喫茶店特製のジュースがあって、よくオーダーしていたのだが、いつからか「会長ジュース」と呼ばれるようになった。

文化祭になると、ヒヨポンと呼んでいた近くの男子校が荒らしにくるというので、「援団（応援指導部）」の連中と、坂の上で見張って待ち伏せもした。

「会長、今年もヒヨポンが来るそうだぜ。どうする？」

「ウチを荒らされたら堪らないな。いざとなったら喧嘩《ヤ》るぞ」

面映《おもは》ゆい記憶だが、こうやって男どうしの友情や仲間意識を確かめ合っていた。


この文化祭で下級生たちと心を通わせたのも、嬉しかった思い出だ。飲食関係の模擬店は、生徒会を通すことになっている。食材を近所の商店街で安く仕入れてきっちり計算し、売り上げが出るようにした。こうした地味な仕事は、一年生がやることになるが、学校と生徒会のために校舎や日吉駅の辺りを駆け回り、相談を持ちかけ、報告に来る彼らのひたむきさが身に沁みた。

宴《うたげ》のあと特有の興奮と、いくばくかの寂寥《せきりょう》の入り混じった校舎の雑踏の中で、下級生に声をかけた。すると「会長こそ、お疲れ様でした！ 最高の日吉祭でした」と、まだ中学生の体型が抜けきらず、声変わりもしていないやつらが一礼する。一年で最も大きな行事を、自分たちの手で成功させた達成感を味わったときだった。

こんな話をすると、「会長に立候補して、生徒会を切り盛りする手腕は、政治家のお母さまの血ですね」と言われるのだが、どうだろうか。どっちつかずというか、不公平や理不尽なこと、仁義が通っていないことは確かに嫌いだ。しかし、政治家の道を考えたことは一度もない。お袋は間違いなく、女優より政治家が天職だったし、お袋でなければできない仕事だったと思っている。

何はともあれ、おおいに学生時代を謳歌し、生徒会長まで務めた私は、大学でまた新たな世界に触れることになる。

体育会で鍛え抜いた役者魂

慶應義塾大学法学部政治学科卒業というプロフィールを見て、「政治家のお母さまの影響ですか？」と聞かれることがある。

高校時代は遊んでしまい、成績がガタ落ちした私に、専攻を選ぶ余地はなかった。入れる学部が法学部だった、という単純な理由だ。政治の勉強がしたいわけでもないから、大学で何をしようかと考えてはいたのだが、体育会に入部することは決めていた。

慶應の体育会は、まさに特権階級だった。黒い詰襟を着た彼らは、学食でも大きな顔ができるし、野球の慶早戦でも良い席が与えられ、試合シーズンでは教授たちさえ彼らに逆らうことはできない。その姿を垣間見て、校風が最も表れている体育会に入らねばと思った。しかし、得意だったバスケは中学で辞めたから今さら無理で、興味のあったヨット部は葉山の合宿所から出られないという噂だし、ボート部はひたすら走って筋肉をつけるだけだという。

「俺に何ができるかなぁ」と考えていると、高校卒業も間近、隣の席に座っていた友達が「大学ではゴルフ部に入る」というので、「俺もできるかもしれない」と入部を決めた。初めてゴルフの球を打ったのは、高校三年の終わりだった。

体育会の入部理由をもっと突き詰めて考えれば、やはりどっちつかずが嫌だったということかもしれない。これまで勉強もスポーツも、遊びも生徒会も、すべてやると決めたら真っ直ぐに取り組んできた。そして、将来の就職先はすでに決めている。役者をやりたいとか、やらねばならないという気持ち以前に、私の中に流れる鴈治郎家としての役者の血筋は、十分すぎるほど意識していた。歌舞伎役者になることが逃れようのない現実であるなら、それを担う前に自分自身で決めたことは最後まで貫きたいという気持ちがあった。

「スタートの遅れた俺の役者人生は、五十歳から始まる」当時からずっと思ってきたことだ。一方で、兄貴は十八歳くらいから舞台に立っていた。私も役者修業をしながら舞台に立ち、大学に通う選択もあったかもしれない。しかし、この俺に二足の草鞋《わらじ》が履けるというのか。いや、きっとできはしない。だから、今は体育会で徹底的に肉体と精神を鍛えてやろうと決めた。

体育会に入る意向を伝えると、お袋は動転した。

「バカじゃないの！　そろそろ歌舞伎をやりなさい」

「どうせこの歳まで舞台に立っていないのだから、あと四年間だけ時間をください。体育会を辞めるときは大学も辞めます。卒業後は必ず役者になりますから」

お袋は体育会に入った息子を見て「この子は、歌舞伎役者にならないかもしれない」と、覚悟を決めたようだった。

その後はお袋から、「あなた、松下政経塾に入ったら？」「知り合いの先生に、あなたを秘書にしてくださるように、お願いしてあるから」と政治家への道を打診されたこともあったが、卒業後は役者になる意思は変わらなかった。

お袋なりに、息子の将来を案じてくれていたのかもしれない。

さて、実際に入部した後の生活は、想像以上に鍛錬が求められた。まず、初めの二週間の新入生トレーニングで食事の量は倍に増えたのに、体重が五キロ減った。

最初の半年間で半数が辞めていく。朝一時間のランニング、一年生はキャディも務めるから、先輩のバッグを担いで三ラウンド、そしてトレーニング、夜は正座でミーティングだ。もちろんどんなに足が痺れても、崩すことなどできない。

一年の夏合宿の出来事だ。朝に目が覚めると、隣に寝ていた同級生の姿がない。耐えきれずに、荷物を置いたまま山道を逃げ出したようだ。秋にキャンパスへ戻ると、そいつは女の子が大勢いるゴルフサークルで、なんだか楽しそうにやっていた。

体育会は三六五日が活動日で、基本的に休みはない。とにかく毎日、太陽の元で仲間と体を鍛え、汗を流し、自分の身体をいじめぬく。そうすると精神も同じように鍛え抜かれる。その先に何があるのか、そんなことはどうでもよい。今この瞬間を懸命に生きる、そんな感覚だろうか。

「練習ハ不可能ヲ可能ニス」という言葉を遺したのは、第七代慶應義塾塾長の小泉信三先生だが、「練習」を「努力」と置き換えて、「努力は不可能を可能にす」として、毎日の練習に耐えていた。

体育会での四年間は、その後に歌舞伎役者となった私の、文字通りバックボーンとなっている。いや実際のところは、この経験だけで役者を乗り切ってこれたと言い切れるかもしれない。

アルバイト経験豊富な歌舞伎役者

ゴルフ部の部費だけでは運営資金が足りずに、部員たちはアルバイトをよくしていた。私も喫茶店のウェイター、配達員からデパートの売り子、キャディまで、いくつかの仕事を経験した。

西武デパートでは、お歳暮の配達員をした。当時は、自分の車を持ち込むと、荷物一個につき一〇〇円の収入だった。バイト初日は、倉庫に山と積まれた荷物と伝票を照らし合わせるだけで半日かかったが、慣れてくると、担当地域の丁目、番地、家を覚え、配送伝票を抜いて、その日に最も能率よく回れる順番を決め、荷物を積んでいくことができた。日を追うごとにそのスピードもアップして、一日三ケタの家に配送できるまでになった。

あるとき担当していた家に荷物を届けに行くと、そこは政治家の安倍晋太郎先生のお宅だった。

「あら？　あなた扇千景先生の息子さんじゃない？　偉いわねぇ」

奥様から声をかけられた。この話は、国会議員だったお袋の耳にすぐに伝わった。

「あんた、何やってんの？」

野放しにしすぎたと、さすがのお袋も後悔したようだが、もう遅い。

西武デパートの配送所の所長からは、「就職先が決まっていなければ、ウチに来ないか？」と誘われた。


銀座松屋でもお歳暮の時期には、缶詰売り場で働いた。

「蟹缶を入れて総額〇〇円ほどの包みを作ってちょうだい」などという注文があると、その通りにみつくろって包装し、箱詰めをする。昔取った杵柄というが、私は今も綺麗なプリーツで缶詰をラッピングをする自信がある。

あの頃も、歳の瀬の銀座を行き交う人々の顔には、華やぎとせわしなさが溢れていた。バイトを終えて街に佇むと、歌舞伎座からの帰りの人々とすれ違うこともあった。芝居納めを楽しむための晴れ着に、毛皮のショールをまとったご婦人が筋書を手に持って、しきりと贔屓の役者の話に花を咲かせている。数年後、私も役者として歌舞伎座の舞台に立つのだが、学生の私には、彼女たちと何一つ交わるものはなかった。

若い身体と心は、折々のアルバイト先の仕事や人間関係に、驚くほど馴染んだ。どこに行っても同僚や上司と親しくなり、可愛がってもらった。私もその仕事を全身全霊で体得したくて、成果を上げたいと懸命に励んだ。すべての職業に掟というものがあり、それは必ず社会の中で誰かの利益——乾いた喉を潤したり、待ち侘びていた贈り物を届けたり——になっていることを実感できたのは有り難いことだった。

多くのアルバイトを通して、稼ぐこと＝労働することの意味を知り、あらゆる職種の人たちと知り合った。もしも私が歌舞伎界の中で、どこか〝歌舞伎役者らしくない〟ところがあるとすれば、こうした実践的な経験が身に着いているからなのかもしれない。

アルバイトのほかに、大学の付き合いとは違う友達ができたのもこの頃だ。

当時の六本木に、ゲンさんと呼ばれていた人気の手相観がいた。彼の痩せて浅黒い左手には小指がなく、手相は塀の中で覚えたという。日も暮れる頃になると、街角に小さな机を出す。一人また一人と、ゲンさんの鑑定を求めて都会に戯れる人々がやってくる。酔客が二軒目の店を探して彷徨う時間には、ゲンさんの前には行列ができていた。彼の奥さんは当時流行していたヒッピー風の女性で、やはり六本木の街角でビーズのアクセサリーを売っていた。

そういえば、初めてくさやを食べたのはゲンさんの家だった。

「ヒロちゃん、ウチに旨いくさやがあるんだ。食ってかないか?」

誘われて、ゲンさんの家に行った。六本木の外れの小さな木造アパート。畳が日に焼けて変色し、部屋中に奥さんの作るネックレスやイヤリングが置かれていた。

彼女が焼いてくれたくさやは、それは旨かった。

ゲンさんと一緒にいると、心地よかった。相手の育ち方や仕事、そして過去に何があったかなど関係ない。ゲンさんの手相観を、人生の拠りどころのように訪ねてくる人たちを横目で見ながら、缶ビールを片手に、煙草の煙が大都会の空に消えていくのを見ていた。

ゲンさんは、そんな私を黙って側にいさせてくれた。

勉強以外の様々な経験をした学生時代だった。筋骨隆々《きんこつりゅうりゅう》で顔は日焼けで真っ黒な容姿で、後に三姫を演じる女形役者になる男だと言っても、信じる者は誰もいなかっただろう。『玩辞楼《がんじろう》十二曲』や『歌舞伎十八番』は何かと考えることすらなかった。それくらい普通の学生だった。

歌舞伎界に「就職」

こうしてゴルフとバイトに精を出した四年間が、終わりを告げようとしていた。同級生たちはスーツ姿で就職活動を始めていたが、私の就職先は決まっていた。決して役者の道を甘く見ていたわけではないが、これが間違いの始まりだったのだ。間もなく私は、体育会で鍛えた精神ですら立ち向かうのが困難なくらい、厳しく深く、果てしのない、歌舞伎という魔物に取り憑かれ、闇の中でもがくことになるのだ。

復帰直前の、大学を卒業した年の四月十六日、大好きだったおじいさん（二代目鴈治郎）がこの世を去った。大人になってから一度も一緒の舞台に立てなかった。もっといろいろなことを教わりたかった。もっと話をしたかった。まさに稽古を再開し、「さあ、これから役者になるぞ」というときだった。

私は通夜の席でおもむろに、おじいさんのお弟子さんたちを集め、頭を下げた。

「来月から僕は舞台に立ちます。今日から僕におじいさんが乗り移ったと思ってください」

何も考えず、ふと口をついて出た言葉だったが、「俺は、鴈治郎家の人間だ」という意識がそうさせたのだろうか。

曾祖父の初代鴈治郎が一八六〇年生まれ、私が一九六〇年生まれと一〇〇歳違い、祖父の二代目鴈治郎は明治三五年生まれで、私が昭和三五年生まれ、初舞台は曾祖父の三十三回忌の年、そして私が歌舞伎に復帰した年に祖父が他界と、私の役者人生と鴈治郎家の歴史には、偶然とは思えない巡り合わせを感じる。

その頃から、墓参りは一人でもよく行った。ご先祖さまに手を合わせ、「この役をいただきました」と報告をして、静かなときを過ごすことが好きだった。天にいるご先祖さまは、今の扇雀をどう見てくれているだろうか。

歌舞伎界に復帰して初めての舞台は、中村浩太郎の名で、その年の五月に京都南座、『土屋主税《つちやちから》』の河瀬六弥《かわせろくや》だった。踊りの稽古は十六歳で辞め、大学四年間を体育会ゴルフ部で過ごした私は、とにかく分からないことばかりだった。歌舞伎役者が人に化粧をしてもらうなんて、子供以外はありえない。本来なら子役時代から少しずつ勉強し、とっくに自分でできるようになっていなくてはならなかった。亡くなったばかりのおじいさんのお弟子さんに化粧《かお》の仕方を教えてもらい、何度も練習した。せりふは親父に頼んでカセットに吹き込んでもらい、繰り返し聞いて稽古した。袴を穿《は》く役なのだが、摺《す》り足の仕方、所作《しょさ》も分からない。しかし、お客様をはじめ周囲からは「成駒屋の息子だからできて当たり前。これまでの経験や事情など関係ない」というのを大前提として見られる。

なんとか初日の舞台が終わると、珍しく親父が、京都の親戚が営む料亭に連れ出してくれた。開口一番、親父が言った。「ヒロ、目の焦点が合ってへんかったで」反復練習の結果を出しただけのような、二十二歳の舞台復帰第一日目。

幕は開いた。

稽古猛進の日々

それからというもの、私の生活はめまぐるしく回転を始めた。椅子の温まる暇がないというか、腰を落ち着けて何かをする時間が惜しい。眠る時間までもがもったいない。毎月の舞台を必死で勤めながら、これまでしてこなかったあらゆる稽古に通った。踊りの稽古につきものの、ふくらはぎと太ももの筋肉痛を抱えて家に辿り着くと、自宅でも稽古だ。二十四時間ではとうてい足りず、一日が三十六時間にならないものかと本気で思っていた。我が家は、自主稽古の家風で、親父は手取り足取り教えてくれないのだから、本当に自分で鍛練するしかない。

日本舞踊を藤間《ふじま》流宗家の先々代藤間勘十郎《かんじゅうろう》先生、関西の藤間勘寿朗先生に、地唄舞《じうたまい》を吉村流家元の吉村雄輝《ゆうき》先生、川口流の川口秀子《ひでこ》先生、お琴を川瀬白秋《かわせはくしゅう》先生、義太夫《ぎだゆう》を当時の文字太夫《もじたゆう》（現・住太夫《すみたゆう》）のお師匠さん、常磐津《ときわづ》を常磐津一巴太夫《いちはだゆう》先生、鼓《つづみ》を藤舎《とうしゃ》せい子先生、三味線を今藤政太郎《いまふじまさたろう》先生と、十数年間の遅れを取り戻すかのように教えを請うた。

地唄舞を習得すると、女形の動きの一つである、裾捌《すそさば》きがきれいになる、ということで稽古に通った。川口秀子先生は武智鉄二《たけちてつじ》先生の奥様で、鎌倉のなぎさホテルが稽古場だった。秀子先生に徹底的に地唄舞を教えていただき、そのあとは、ご主人の武智先生からせりふをみっちりつけていただく。

武智先生は、武智歌舞伎で知られる歌舞伎界では知らぬ者はいない先生で、親父の恩人であり、育ての親でもある方だ。そして私にも、口移しでせりふを教えてくださった。女形の発声に関しては、裏声を使わず、地声のいちばん高いところを出す。声帯も筋肉でできているから、鍛えれば徐々に出るようになってくる。その基礎を仕込んでいただいた。

「大丈夫や。あんたのお父さんも下手やったんだから」
と言って、武智先生は、慰めてくださったものだ。

地唄舞の吉村流・吉村雄輝師匠は、それは芸に厳しかった。師匠の意が伝わらないと、たちまち白く透きとおるようなこめかみに、青い筋がピッと入る。「出て行きなはれ！」と内弟子さんに怒鳴っていたこともあった。あれは傍で聞いていても、心底怖かった。雄輝師匠が私に幾度となく伝えてくださったのは「おいど（お尻）落としなはれ。おいど落としなはれ」と、腰を低く落として舞うことだった。地唄舞・女形舞踊の基礎である。

上方役者にとって関西弁は必須である。本来鴈治郎家は大阪がホームグラウンドなのだが、両親が結婚してすぐ東京に居を構えたので、私は関西弁を話せなかった。そのため、関西弁の稽古も必要だった。
私の勉強法は、ひたすらヒアリングに重点をおいたものだ。間違った関西弁を耳に入れると、それが口から出てしまう。大阪に行くと、用がなくても外に出かけ、街の人たちの会話を聴いて、耳を慣れさせた。そしてバーなどに行って実際に喋ってみる。周りの友人たちには、「俺の関西弁が違っていたら、直してくれ」と頼んでおく。違って発音したら、言い直すようにした毎日だった。

ひばり姉と喜和子姉の横顔

地方公演の折に必ず通うのが、気心の知れたマスターのいるバーだ。吹く風にその土地の匂いがするように、バーにもその街の味が出る。近しい人がこの世を去ることが続いた昨今は、一人で酒を呑んでいると、一緒に呑んだ女性たちの顔が浮かぶ。

二十代の頃可愛がってもらったのが、伝説の歌姫こと美空《みそら》ひばり姉と、昭和を代表する女優の太地喜和子《たいちきわこ》姉だ。マスターが琥珀色の液体を薄いグラスに注ぎ、音もなくカウンターに置く。氷の解ける音が幽かにすると、昭和を駆け抜けた二人の女性の、美しくもどこか寂しげな横顔に、手を伸ばせば触れられそうな錯覚に陥った。

ひばり姉は、親父と共演したこともあり、以前から知っていたのだが、私が役者になるとよく呑みに連れて行ってもらった。カラオケに行って、『悲しい酒』を歌ってくれたこともあった。彼女の深く重く、高音になると澄み渡る歌声は、どこか義太夫の名人の謡い方を思い出させた。時に涙を滲ませながら歌い上げるひばり姉を見て、「この人は何か、傷みを抱えているんじゃないか」とさえ感じた。

多忙な日々の間を縫うようにして、私の芝居を観に来てくれて、必ず感想を言ってくれた。呑みに行くときは劇場の楽屋口に、窓が目隠しされた長い車体のキャデラックを横付けにして迎えに来てくれる。誰が見てもその車は物々しいのだが、素顔のひばり姉は飾らない、情の熱い人だった。

そして喜和子姉は、おじいさんの二代目鴈治郎の大ファンだった。

「あんたのおじいちゃんのビデオ貸してよ」と、明け方まで祖父のビデオを観て酒を呑みながら、とりとめのない話をしていた。喜和子姉が哲明《のりあき》（十八代目中村勘三郎《かんざぶろう》）さんと付き合っていたのは有名な話で、彼の芝居を観に来た帰りに私の楽屋へ立ち寄ってくれた。

「あんたまだ男とヤッてないだろう？　だからあんたの芝居は色気がないんだよ」

酔ってそんなことを言ってきたこともある。

日常のすべてが芝居の糧《かて》となるような生き方をしていた。生き急ぐ女性というものを初めて見たのも、喜和子姉だった。酔うと舞台とはうって変わり、男勝りで豪快な女《ひと》になる。私たちは、夜を徹して芝居の話をしていた。

二人とも、もうこの世にいない。

初めての挫折

同い年の九代目福助《ふくすけ》さんは児太郎《こたろう》時代のこの頃、『お染《そめ》の七役《ななやく》』で新人賞を取ったりしている。それなのに私は、演目のタイトルも読めずストーリーも分からないのだから、大リーガーの中に少年野球の子供が放りこまれたようなものだ。当時の目標は、私だけが舞台から浮いて見えないようにすること、お客様から「あの役者だけ、なんだかおかしいな」と思われないようにすること、それだけだった。

舞台に立つ恐怖とは裏腹に、体育会で鍛えた精神力と肉体がある、との自負だけで突っ張っていた。努力は不可能さえ可能にするのだと、根拠のない自信だけが頼りだった。

表向きは涼しい顔で舞台に立ち、不安を隠して稽古をしていても、学生時代の仲間と呑みに行くと、つい本音が出る。「いつ辞めようか……」と本気で思ったが、今さら何ができるというのか。「俺の役者人生は、五十歳からだ」とは、学生時代から思ってきたことだが、知らないということはなんと恐ろしいことだろう。

五十歳から役者としての花を咲かせることを目標に、それまではひたすら種に水や肥料をやり、太陽を浴び、ゆっくり育つのだ。そう考えてみても、その年齢まであと三十年近くある。この世界に流れる時間の、なんと世間の感覚と違うことか。歌舞伎の持つ四〇〇年という時間を、あらためて思う。できるものなら、逃げ出したい。しかし鴈治郎家に、男として生まれたからには、覚悟を決めるしかない。

くすぶり続けた最初の数年だった。この靄《もや》が幾分か晴れるには、もう少し時間が必要になる。

市川中車さんの姿

ひたすら稽古に明け暮れていた頃を思うと、香川照之こと市川中車さんという役者が浮かんでくる。彼もまた私と同じように歌舞伎から離れ、実に四十歳も半ばを過ぎてから、この世界に入ってきた。

その決意と覚悟は、同業の私でもとうてい推し量ることはできない。私はただ、彼が歌舞伎という、彼が本来収まるべき場所にやってきたことを、心から歓迎するだけだ。

彼との二度目の共演『ぢいさんばあさん』で、「扇雀にいさんと演らせていただいて、初めて映像と歌舞伎の垣根が取れました」と声をかけてきた。

「どんなときでも、俺はお前の女房役として、受け止めるから大丈夫だ」

確かこのような返事をした気がする。

役の中に入りこんでくる彼の熱いエネルギーに触れると、懸命にもがいていた二十代の自分を思い出す。

彼は俳優・香川照之として、映像の世界で確固たる地位も評価も得ている。その彼がなぜ、四十六歳という年齢になって歌舞伎界に入り、ゼロからの出発を果たしたのだろうか。彼もまた、私と同じく、不退転《ふたいてん》の決意を持ってこの世界に入ったはずだ。しかしその道は、あまりに手強く、気づけば大きな渦にはまりながらも、その魅力に取り憑かれている一人なのだろう。歌舞伎には、そんな魔力がある。

左／大好きだった祖父・二代目中村鴈治郎と私。おじいさんは皇居が大好きで、東京に来ると必ず孫たちを連れて、皇居の二重橋で記念撮影をしていた。もっと一緒に舞台に立ちたかったが、私の歌舞伎界復帰の年に他界した。
右／松濤の家の庭に、家族４人で。私が３歳くらいの頃だろうか。両親は、鴈治郎家の故郷・上方から、東京に居を構えた。２人の息子を抱えながら、お袋は役者の妻と女優の仕事をこなし、親父は人気役者として多忙を極めていた。

第二章

役者の運命《さだめ》

「扇雀」襲名

「扇雀」の名を襲名したのは、一九九五年一月大阪の中座である。兄貴の「翫雀《かんじゃく》」襲名と同時であった。

一年に及ぶ襲名披露がスタートしてまもなく、阪神・淡路大震災が起きた。忘れもしない、あれは親父の『曾根崎心中《そねざきしんじゅう》』の一〇〇〇回の記念公演を一月十六日に終え、日付が変わってすぐのことだった。襲名披露興行という、役者人生で一世一代ともいえる行事が始まり、まだ襲名というものの、真の重みや責任感さえ実感しきれていないうちの出来事であった。

一月十七日、中座は一時間遅れで幕を明けたが、屋根の瓦は落ち、お客様は二〇〇人入ったかどうかという状況だった。それでも芝居ができたことは、有り難いことであった。「一・一七」から襲名披露のムードは一転した。そんな三代目扇雀のスタートだった。

中村扇雀の名跡の初代は、祖父の二代目鴈治郎《がんじろう》である。これは、初代鴈治郎の俳名「扇《せん》若《じゃく》」に由来している。初代扇雀はその後に四代目中村翫雀（四代目中村歌右衛門《うたえもん》の俳名に由来）、そして二代目鴈治郎を襲名した。

私の親父は二代目扇雀、三代目鴈治郎、そして四代目坂田藤十郎を襲名した。扇雀の名は親父が八歳から五十八歳まで、五十年間も名乗っていた名前だ。私が襲名した当時は、一般的には、父の扇雀のイメージが非常に強かった。襲名してからもしばらくは、「扇雀の息子」と呼ばれることがしばしばだった。

襲名とは、自分で名乗り出るのではなく、興行主である松竹、先輩方の賛同を経て決定される。私の家系は歌舞伎界に親戚がいないので、近代の歌舞伎を作ったと言われる松竹の故・永山会長と親父が相談し、最終的には永山さんが決めたことだった。

襲名披露の準備は、興行の一年半ほど前から始まる。ご挨拶に行く方々のリスト作成に始まり、襲名記念の品の手配に披露パーティーなど、やらなくてはならないことが山とある。襲名のご挨拶で、兄貴と一緒に回った先は、全国一〇〇〇箇所を下らないだろう。草履は何足、履きつぶしたか知れない。袴の裾は砂埃《すなぼこり》にまみれ、やがてすべて擦り切れるほどだった。

当時は三十四歳。役者としての経験は浅く、芸も未熟だった。歌舞伎界に戻ってきてまだ十二年足らず。学校に例えると、小学校から高校まで過ごす歳月と同じだ。いよいよ大学で学びを深めていくというときに、大きな名跡を襲名したことになる。

大役を勤めたこともない私にとって、親父の扇雀の印象が大きすぎて、いささか早すぎた襲名だった。今、思うと、好機だったと言えるが、自分が「扇雀」になれたと実感できたのはごく最近のことである。

襲名とはそれほどの責任感と、周囲の期待を背負うものなのである。

そして、船水徳雄《ふなみずのりお》という画伯との縁が、このときにあった。ある年の日展で、一点の日本画がスッと目に止まった。画壇に詳しい知人に紹介してもらうと、その画を描いた船水先生は、親父そして私と、親子二代に亘る師匠である武智鉄二《たけちてつじ》先生の本の挿絵を描いていたというのだ。

出会うべくして出会ったのだと強く感じた。そして船水先生に、襲名の配り物の扇子と袱紗《ふくさ》の画《え》を描いていただくことになった。

扇子は、襲名の口上で着る裃《かみしも》の色である革色（濃い緑色）を背景に、躍動感ある三羽の雀を描いたものだった。袱紗は白孔雀が羽をいっぱいに広げている様が描かれていた。「扇雀」の名にちなんだ珠玉のような作品が届いてくると、「いよいよか」と襟を正した。

先生はさらに、襲名のお祝いにと、故・團十郎《だんじゅうろう》のおにいさんが『仮名手本忠臣蔵《かなでほんちゅうしんぐら》』の六段目で勘平《かんぺい》を勤められ、私をお軽《かる》に抜擢してくださったときの舞台をモデルに、「六段目」という題名の画を描いてくださった。團十郎にいさんの大らかさがそのままキャンバスいっぱいに描かれたような清々しい絵だった。大きな日展の出品作品で、とても家には飾れないので、松竹の故・永山会長にお贈りし、以前の歌舞伎座（第四期）の地下食堂に飾ってもらった。

扇雀襲名では、三姫を完演したのだが、当初からこの役を渇望していたわけではなかった。親父が長く名乗っていた「扇雀」のイメージからすると、私の襲名披露狂言のスタートもまずは女形で、そして上方のものがふさわしいということになり、『本朝廿四孝《ほんちょうにじゅうしこう》』の八重垣姫《やえがきひめ》が決まった。他の候補として、親父とおじいさんが大ヒットさせた『曾根崎心中』のお初《はつ》もあった。これはぜひさせていただきたかったのだが、親父のお初上演一〇〇〇回記念と重なり、私が演《や》るわけにいかなくなり、徳兵衛《とくべえ》を勤めることになったのだ。思ってもいないお役で、意外だった。

そして十月に名古屋で、『祇園祭礼信仰記《ぎおんさいれいしんこうき》』の雪姫《ゆきひめ》を勤めることになった。すると哲明《のりあき》（十八代目中村勘三郎《かんざぶろう》）さんから、「ヒロちゃん、八重垣姫と雪姫を演じるなら、時姫《ときひめ》も演って、三姫をするしかないよ」と言われ、十二月の南座顔見世興行で哲明さんが三浦之《みうらの》助《すけ》、私が時姫を勤めることになった。「三姫完演」はこうした事情から生まれたのである。

今も忘れられない思い出に、雪姫を歌右衛門のおじさんに教えていただいたときのことがある。雪姫はどうしても襲名興行にかけたくて、おじさんの演り方を写させていただきたかった。

岡本町のご自宅に伺う前は、さながら戦場に赴く兵士の気概だった。瀬田のファミリーレストランにお弟子さんたちを集め、決起会よろしく、「よし、行くぞ！」と覚悟を決めた。喉は乾き、足は宙に浮いているようだった。おじさんを畏《おそ》れていたのではない。歌右衛門という歌舞伎界の頂点に立つ役者としての佇まいと気迫に圧倒されるしか、なす術はなかった。

「お姫様は、雀右衛門《じゃくえもん》さんを見て勉強しなさい」

よほど私の三姫がまずかったのだろう。松竹の故・永山会長から、助言をいただいた。三姫はどれも私には荷が勝って、難しかった。中でも八重垣姫は襲名披露の最初だったこともあり、役の大きさと重圧で、心が折れそうなほど弱気になったこともあった。今ならまた違う八重垣姫をお見せできると思っている。

名が変わったからと言って急に芝居が上手くなるわけではないし、本当の意味で「扇雀」になれるわけでもない。名前の持つ重さを背負ったときに、どんな役者になるか……名前は後からついてくるものだ。

しかし、周囲の見る目やお客様の期待度は明らかに変わってくる。それに応えようとする気持ち、責任感は出てはきたが、名前と実力はしばらく釣り合わなかった。「扇雀さん」と呼ばれ、なんの躊躇もなく返事をするために、何を身に着けるべきかを悟ったのは、襲名披露興行も終わってからだ。

「扇雀」の名に恥じないために習得すべきものは、紛れもなく二代目扇雀を名乗っていた親父が見せてくれたものだった。先代である父がしてきたこと、「扇雀」の名前で作ってきたことは、最低限やるべきだと思った。つまり義太夫《ぎだゆう》、日本舞踊に習熟することである。「ああしろ、こうしろ」とは言わない親父だが、私は襲名してからますます稽古に熱を入れた。

また、襲名を機に初めて、上方歌舞伎の家に生まれた血を肌で感じた。上方歌舞伎の系譜の中の鴈治郎家という存在、現在私が十二曲すべてを上演したいと思っている成駒家のお家芸『玩辞楼《がんじろう》十二曲』の重要性である。その後の親父の藤十郎襲名では、上方の血をさらに強く意識することになるのだが、自分のルーツを辿るため、曾祖父である初代鴈治郎の写真集や本を探しに、京都の古書店などに通ったのもこの頃だ。

一年間の襲名披露興行を経て得たのは、「歌舞伎の世界、ちょっとやそっとのことで勤めることはできないな」という結論と、肉体・精神の強さを身に着けたことである。これは、歌舞伎界に復帰して間もなく思い知ったことだが、再び私の上にのしかかってきたのだ。しかし、あの時点で襲名していなければ、この命題に辿り着けなかったわけで、やはり時機だったと言えるのだろう。

年輩のお客様には今も、親父に「扇雀はん」のイメージが残っている。親父は扇雀の名で、二十歳前後で大スターになり、一時代を築いた。扇雀御殿と呼ばれる家を上方に建て、扇雀ブランドの菓子店まである。親父の扇雀とは、まぎれもなく親父の人柄と芸風そのものので、鴈治郎そして藤十郎と名を襲《かさ》ねても、ファンの脳裏からそうたやすく親父の扇雀は消えない。襲名して二十年以上を経てやっと、あまりに大きかった親父の扇雀像を払拭し、私の扇雀像が自身の中で形を成したと思っている。

私の扇雀像は上方歌舞伎を軸に、平成中村座やコクーン歌舞伎をはじめ、これまでの挑戦を継承していく「扇雀」という役者の姿である。

鴈治郎家の故郷

上方歌舞伎は、元禄時代の十七世紀後半、大阪・京都を中心に生まれた。浄瑠璃《じょうるり》の脚本を手がけていた近松門左衛門《ちかまつもんざえもん》は、坂田藤十郎の写実的な芸風を生かした歌舞伎を書き下ろし、竹本義太夫《たけもとぎだゆう》と組んで『曾根崎心中』など数々の名作を生んだ。それ以降、歌舞伎と浄瑠璃は相互に影響し合いながら、現在の上方歌舞伎の土台を作ったのである。今も大阪と東京、それぞれの文化があるように、当時から大阪人の気質と、大阪独自の文化が発展した中で生まれたものだと思う。上方歌舞伎を演ずる者にとって特に大切な要素である、義太夫も上方から始まっている。昔は道頓堀《どうとんぼり》界隈だけで五座くらいの芝居小屋があり、切磋琢磨しながら芸を磨いていたという。

上方歌舞伎を演じ、熱狂的な人気を博したのが初代坂田藤十郎だった。藤十郎は、少しなよっとしていて、眉目秀麗《びもくしゅうれい》な二枚目役を演じて大人気役者となった。

時は下り、明治期に登場したのが、曾祖父の初代中村鴈治郎である。

上方歌舞伎の特徴は、江戸歌舞伎と対比させると分かりやすい。江戸歌舞伎の神髄が、荒々しく超自然的な荒事なら、上方のそれは柔らかみのある和事だ。江戸歌舞伎の世界がSFなら、上方はリアルな話である。

つまり、江戸歌舞伎はヒーローが活躍する荒唐無稽な荒事であるのに対して、上方の和事はヒューマニズムを中心としている。展開される話は写実的で、観客に身近な人物像が登場すると言えるだろう。実際のところ上方歌舞伎は、その当時に起きた事件をすぐに狂言作者が芝居に落とし込み、役者に演じさせていた。

加えて、役作りの評価にも違いがある。伝統や型を重んじる武家社会の江戸では、先代の芸の通りに演じるのが良しとされ、お客様もそれを期待する。一方で、商人の町である上方では、教わった通りに演るると勉強していないと評価される。「型」に重きを置く江戸の歌舞伎に対し、上方は自ら創る芸というものを重視するため、人情味ある芝居が好まれるのであろう。

これは実話だが、祖父である二代目鴈治郎が扇雀時代、父の初代鴈治郎と同じように演じると、「工夫がない！」と怒鳴られたそうだ。

江戸の大名跡が團十郎なら、上方は坂田藤十郎、そして「がんじろはん」の名で知られる鴈治郎である。

一〇〇歳違いの曾祖父・初代鴈治郎を、当然私は知らない。しかし、私は曾祖父が遺したお家芸『玩辞楼十二曲』で、そしてブロンズ像となって劇場を見守っている南座ロビーで、曾《ひい》おじいさんに会うことができる。だから南座で芝居をしていると、曾おじいさんに見られているような気持ちになるのだ。

初代鴈治郎はその生い立ちが、役者としての彼のすべてだったと思う。父である三代目中村翫雀と、大阪新町で高い格式のあった遊郭「扇屋」の娘の間に生まれたのが初代鴈治郎である。この『扇屋』は、『廓文章』の『吉田屋』の傾城である、扇屋夕霧のことである。父の三代目中村翫雀が、四代目中村歌右衛門の養子だったことから、鴈治郎家の屋号は「成駒屋」となった。

父親が役者になるために家族を捨てたため、曾祖父は背負い呉服商をしながら、母親の面倒を見たという。それでも芸の道へ行きたいという意思は、やはり役者の血なのだろうか。

父親と同じ役者の道を志すようになった曾祖父は、名優初代實川延若《じつかわえんじゃく》の門弟となり、実川鴈二郎を名乗る。苦労を重ね、やがて中村鴈治郎を名乗って自らの芸を編み出し、押しも押されぬ大スターとなった。

その芸風は、柔らかみと花のあるもので、和事の二枚目から時代物の骨太な役まで演じた。また、数々の新作もこなし、広い芸域を誇った。

初代鴈治郎は、歌舞伎を近代社会に合わせて改良しようという「演劇改良運動」に加わったりと、進取の気性に富んだ人物だった。これこそ、我が鴈治郎家の真髄だと思う。

私の祖父である二代目鴈治郎も、親父も、テレビ・映画の世界でも活躍し、親父は武智歌舞伎に参加、近松座を結成、そして二三一年ぶりに上方歌舞伎のシンボルである坂田藤十郎を復活させた。曾孫の私も、コクーン歌舞伎に始まり、平成中村座、そして野田歌舞伎のほか、シェイクスピア劇やテレビにも出演している。時代を見据えて常にチャレンジし、走り続けていたい気性は、私一代のものではないと感じずにはいられない、我が家の歴史である。

大阪の人々にとって、曾祖父の存在は格別だったらしい。明治時代に心斎橋の街を、帽子にサングラス、マント姿でいると、あっという間に人だかりができたという。

他界した際には、「巨星墜つ」と報じられ、号外が出たそうだ。亡骸を載せた駕籠《かご》を、白の裃を着けた親族の者たちが道頓堀を担いで歩いたという。映画のワンシーンのような光景だったろう。

没後には、私が取り組んでいる鴈治郎家のお家芸『玩辞楼十二曲』が制定された。これは江戸歌舞伎でいうところの、團十郎家の『歌舞伎十八番』のようなもので、『河庄《かわしょう》』『時《しぐ》雨《れ》の炬燵《こたつ》』『封印切《ふういんきり》』『土屋主税』『大晏寺堤《だいあんじつづみ》』『椀久末松山《わんきゅうすえのまつやま》』『恋の湖』『引窓《ひきまど》』『碁盤太平記《ごばんたいへいき》』『あかね染《ぞめ》』『吉田屋』『藤十郎の恋』の十二本で、初代鴈治郎の魅力を余すところなく引き出したものと言える。

鴈治郎の名は、曾祖父が一代で大きくしたものだ。二代目のおじいさんも、父である初代の芸風を受け継ぎ、二枚目役に定評があった。初代の死後に鴈治郎を襲名し、人気を博した。その後は松竹を離れ、映画・テレビの世界に行き、また歌舞伎界に復帰した。

親父の代まで関西で暮らしてきた鴈治郎家だ。私は生まれも育ちも東京だが、関西は、父方・母方双方のルーツがある。だから大阪や京都は、渋谷と同じく私の故郷である。近年の私は十二月の京都南座の顔見世、一月の松竹座と冬はずっと上方の役者でいられる。師走や正月の京都や大阪は、夕映えの時間が一番好きだ。東京にいると感じることのない懐かしい匂いが街のあちこちにする。上方の地に来ると、「帰ってきたな」という安堵感に包まれる。

道頓堀の松竹座や京都の南座の舞台に立つと、先祖が名を興し、活躍した土地で芝居ができる幸せを思う。

先頃、『碁盤太平記』を演じ、強く思うのは、曾祖父の芝居をこの目で見たかったということだ。大阪の人々が、「がんじろはん」の一挙手一投足を、固唾《かたず》を呑んで見つめている、活気溢れる明治の歌舞伎に、触れてみたかった。それが叶わない私は、南座のロビーに行くと、曾祖父・初代鴈治郎のブロンズ像の前に佇み、そっとその顔に手を置いて、『玩辞楼十二曲』の上演と、上方歌舞伎の継承を誓うのである。

虎之介に繋ぐ芸の道

私はこれまで一度も親父から、「役者になれ」と言われたことはなかった。幼少期から青年時代まで歌舞伎から離れて暮らしてきたが、自分はいずれ役者になるのだと、ごく自然に思っていた。そして大学生の頃には、歌舞伎役者の家に生まれたからには、自分も必ず男児を持ち、この家を継いでいかなくてはならないと強く思ってきた。

長男の虎之介《とらのすけ》は、親父と私の中間をいくような役者人生を歩んでいるように思う。私は子役時代に祖父と共演しただけで、物心ついてから祖父と同じ舞台を踏んだこともなければ、芝居について教えてもらうこともなかった。その一方で、息子は祖父と共演を重ね、役者としての姿を目の当たりにできている。多感な時期に家の芸に触れることができ、大変幸せだと思う。

時代も変わり、役者の子供も高校から大学まで進学することが多くなった。息子にはこれまで学業の傍ら、和の稽古事に小さい頃から通わせてきた。

兄貴の鴈治郎襲名披露興行で、私と『連獅子《れんじし》』を踊った経験は、大きな財産になったと思う。十代から多くの舞台経験を積んでいることは、私からすると羨ましくもある。

巡業で地方を回るときが、二人で食事を共にする格好の機会となる。親父と二人きりで食事をしたこともない私は、自分の父親とは全く違うタイプだと思う。

私は息子が小さいうちは、厳しく教えていた。しかしある程度の年齢からは、芝居の中で役の性根や立場における表現の道標《みちしるべ》を示すのみにとどめている。芝居は自分で作ってくるものという考えは、鴈治郎家のやり方なのだ。

稽古に関しては、お師匠さんにお任せしているのだが、亡くなった三津五郎《みつごろう》のおにいさんから、虎之介の鼓についてお褒めの言葉をいただいたことがあった。

「虎ちゃん、上手だった。なかなかよくやっていたよ」

坂東流の頂点に立ち、鳴物《なりもの》の名手でもあったおにいさんに認められ、嬉しかった。三津五郎にいさんは、笑うと浮世絵のように切れ上がった目尻がほころんで、ご本人の優しさがそこに凝縮されているようだった。きっとあちらでも、虎之介を見ていてくださっていると思う。

若いときに歌舞伎以外の芝居を体験することも必要な経験で、息子はかつて東京の明治座と大阪の新歌舞伎座で松平健《まつだいらけん》さん、川中美幸《かわなかみゆき》さんの息子の役で出演させていただいたことがある。演出家がいる舞台なので、私は何も言わなかったが、非常にのびのびとやっていたので、芸立ちは悪くないと思っている。

歌舞伎屈指の名作の一つに、『熊谷陣屋《くまがいじんや》』がある。十六歳の息子の首を差し出した父親・直実《なおざね》の、身を切るような苦悩のせりふに「十六年はひと昔、夢だ、夢だ」がある。私の性格からか、時に厳しくしすぎたかと、胸に手を当てることもあった。私たち親子の過ごしてきた時間は、直実のいう「ひと昔」を過ぎたことになる。

役者としてのスタートを切ったばかりの息子に、父として何が残せるだろう。扇雀という一人の役者としての生き方を見せていければと思う。これから、どのように成長していくのか楽しみである。

上方歌舞伎のこれから

かつて上方歌舞伎は、江戸歌舞伎と並んで花開いた。初代坂田藤十郎をはじめ初代鴈治郎など、上方で誕生した大看板の存在もあった。十七世紀後半から十八世紀頃までは、上方歌舞伎のほうが盛んであった。現在、歌舞伎で使用しているセリや廻り舞台も、上方で生まれたものだ。上方は義太夫の発祥の地でもある。役者だけでなく、観客も本行と呼ばれる人形浄瑠璃や文楽を知り尽くしていた。それゆえ役者は、義太夫を芸の基本として深く学び、舞台で昇華させていた。

しかし、戦後の昭和期に入り、次第に関西で行われる歌舞伎興行が少なくなっていくにつれ、かつての上方歌舞伎は勢いを失っていった。

親父が藤十郎を襲名したとき、『藤十郎の恋』で、私が坂田藤十郎を演じ、上方役者であることを強く意識した。そして、上方歌舞伎の現状を肌で知ったのだった。上方歌舞伎にも優れた作品が多くあるが、上演できる劇場が東京と比べて少なく、役者が不足していることなどだ。

親父が鴈治郎になった当時、私はまだ若く懸命すぎて〝今〟をみることしかできなかったが、親父は上方歌舞伎の話ばかりしていた。

その後、親父が上方歌舞伎のシンボルである坂田藤十郎の名を復活させたのは、江戸の市川團十郎と並んで初めて、日本の歌舞伎全体が隆盛になる、という考えからだった。江戸だけでもなく、上方だけでもない。東西の歌舞伎というものが両輪となって栄えることで、エンターテインメントとして、文化として、洗練されていくものではないか。

私が日頃から、松竹のプロデューサーたちに提案しているのが、関西での歌舞伎公演を増やすことだ。年に最低でも四回は、大阪の松竹座で歌舞伎の上演をすべきだと思う。上方歌舞伎に勢いをつけるには、何よりまず、関西のお客様に観ていただき、歌舞伎の面白さを知ってもらうことが一番だ。そして我々上方の役者が、確固とした意識を持って取り組むことが大切だと思う。

また上演するにあたり、上方の役者を増やすことも必須だ。これからは、上方役者の育成ということにも力を入れていきたいと思う。

転機となった二つの舞台

「この風景何だろう？」

「ああ。俺たち、何をしてるんだろうな」

二〇一二年十一月。私は劇作家の野田秀樹《ひでき》さんと、都内の病室にいた。パイプ椅子の無機質な感触が、尻にある。目の前の光景が信じられないのに、その感触に現実をつきつけられたような気がする。

私たちの前で眠っているのは、十八代目中村勘三郎（本名・波野《なみの》哲明）さんだ。歌舞伎界はもちろん、老若男女から愛された男だ。野田さんも私も、哲明さんが病床にいる理由が分からなかった。

私が哲明さんと初めて夫婦役を勤めたのは、歌舞伎界に復帰して間もなくだった。当時は勘九郎《かんくろう》を名乗っていた哲明さんは、すでに若手歌舞伎俳優として一番の人気者だった。そんなとき、大阪中座の長谷川伸《しん》氏作の『檻《おり》』で相手役に抜擢してくれたのだ。

小日向のご自宅に稽古で伺うと、哲明さんの父である十七代目勘三郎のおじさんは、「誰だこいつは？」というような顔をなさっていた。大人になってから歌舞伎に戻ってきた者がいると思われていたのが、私だった。

「いいか、ヒロ。お前なぁ、こうやるんだよ」

初日が終わると哲明さんは楽屋の戸を閉め、相手役である私の芝居をして、見せてくれる。私がそれに続くと、「違うよ、ダメだな。そうじゃないよ。心だよ」と言う。頭では分かっていても、表現できない。それから夜の大阪に繰り出し、ひたすら芝居の話をした。やがて、ホステスたちも一緒にバーをハシゴした。

初日のダメ出し以来、夜の席でも毎日一緒だった。そして千穐楽も近づいた二十日目頃だったと記憶している。彼がこんな言葉をかけてくれた。

「一番前のお客さん、泣いていただろう。ハンカチで目をおさえてたよな。俺も泣けた。

ヒロ、芝居とはこういうことだ。わかったか？」

自分自身の変化は容易には分からないものだが、おにいさんが言うなら、私の芝居が成長をとげたのかもしれない。

哲明さんの熱い言葉の傍らで、私は彼に引っ張られ、役に入っていく。それしかできずにいたから、何がどう変貌をとげたのか、よく分からなかったのが正直なところだった。しかしこのひと月で、私は確実に手に入れたものがあった。自分に役を近づけるのではなく、自分から役に入り、芝居の世界に入りこんでいくこと……何より、「魂をつっこんで芝居をしろ。演じることは、その人物になるということだ」という圧倒的なメッセージを受け取った。

ようやく、私は歌舞伎役者として、演じることを体で感じ始めた。それまでは、思考の中でイメージを作り、舞台で浮かないことだけを心がけてきた。この舞台で、哲明さんと演じたことが、私の役者人生における最初の転機となった。

哲明さんの芝居は常に真剣勝負で、妥協がなく、命がけの舞台だ。だから芝居が変化していく。相手の役者に変化球を投げてくることも多々ある。教わった通りに演じるだけでは、おいていかれてしまう。私は彼の投げた球を投げ返す気概はあったのかもしれない。役者としては白紙の状態だったから、打てば響く姿が楽しかったと思う。

このときから三十年近くに亘り、哲明さんの相手役を幾たびも勤めることになった。よく一緒に食べ、呑み、そして遊んだ。そんなときも、芝居の話、夢の話ばかりだ。

過酷な舞台の間、おにいさんの楽しみの一つが、楽屋で何を食べるか迷うことだった。歌舞伎座向かいのカレー屋ナイルのご主人とは友達で、歌舞伎座に出演中はよくムルギランチを食べていた。自分の決めた食事が来ていないと、短気なあの人のことだから、本気で怒っていた。そして、あっという間に食事を平らげる。

「よく噛んで食べないと体に毒ですよ」

周りの者が忠言しても、いっこうに耳を貸さない。酒は心から美味そうに呑むから、一緒にいるとこちらもつい、酒がすすんでしまう。好き嫌いがはっきりしているので、酒場で言い争いになることも多々あったが、彼のような男を〝人たらし〟というのだろう。誰もが哲明さんに惚れてしまう。

翌日が舞台でも、話が乗ると止まらなくなる。どんどん話題がふくらんでいく。どんなに夜が遅くなろうとも、哲明さんにとっては〝今〟が大事だった。しかし、それがなかったら、彼を中村勘三郎たらしめた、あらゆる魅力は醸成されなかったのではないか。

『檻』からしばらく後、「会わせたい人がいる」と、私は哲明さんから河合義隆《よしたか》という演出家を紹介された。彼は天才ディレクターとして知られており、容易に他人《ひと》をそばに寄せつけない風情の漂う人だった。「二科展」をもじって、第二火曜日の夜に集まる河合さん主催の「二火会」という呑み会に誘われて以来、呑み仲間になった。

その頃、セゾン劇場開場一周年記念の目玉として、哲明（勘九郎）さんの主演で、横内謙介氏原作の『きらら浮世伝』を河合さんが演出することになった。簡潔に言うと、絵師の力で、身分の差のない桃源郷を作ろうという物語だ。ある日、プロデューサーから電話があり、出演オファーを受けた。私はてっきり、主演の哲明さんが話をしてくれたのかと思っていたのだ。

「ヒロちゃん、彼の演出はきついから、やめたほうがいいよ。でも、もしも河合さんの芝居に出るなら、覚悟しろよ」

舞台の稽古中、私がよほどダメだったのだろう。河合さんは、「ずっと俺のそばにいろ」と言った。哲明さんと一緒にいて芝居が分かったように、河合さんの横にいるうち、彼の演出が分かってくるようになる。稽古の後は勝どきのもんじゃ焼き屋に呑みに行くのだが、その席でさえ、必ず私を隣に座らせてくれた。

それは、忘れもしない千穐楽前日の出来事だった。

舞台は大詰にさしかかっていた。ふと気づけば辺り一面に霞《かすみ》が、立ち込めている。まるで、山の上から雲海を見下ろしているかのようだ。そして、掛け軸から抜け出たような山水画の世界が、目の前に広がっている。

「ここはセゾン劇場ではないのか」と広がる光景に圧倒される。

客席を覆う霞は、薄桃色ともつかないほど淡く、幾重にも連なって見える。劇場全体が時空を超えて、別世界に足を踏み入れてしまったかのような錯覚に陥った。

それは、この芝居のテーマである桃源郷そのものだと確信した。まさにあの瞬間、あの空間にいたすべての人々の魂が重なり共鳴し、一つの桃源郷に辿り着いたのだ。目前で、演劇の世界で作り上げた虚が実になった瞬間だったのかもしれない。幕が降りると、私は河合さんのもとに駆け寄り、叫んでいた。

「桃源郷を見たよ！　客席から舞台に、アレが見えたらいいんでしょう？」

河合さんは何も言わなかったが、かすかに微笑んだかのように見えた。

河合作品に出演したことで、演劇の醍醐味《だいごみ》を初めて知った。舞台とはナマモノであり、それゆえ常に変化を続けるということだ。演じる者と受け取る観客の気持ちが響き合うから、ライブは刺激的なのだ。役者の仕事は、現実を超えた世界に踏み込めるのだと、初めて感じた瞬間だった。

『檻』と『きらら浮世伝』に出会っていなかったら、私は役者を続けていなかったかもしれない。仮に続けていたとしても、今の扇雀という歌舞伎役者とは違っていただろう。まさに役者人生の転機となった二つの舞台だった。

この経験から二十数年、五十歳をすぎるまでの時間は私にとってひたすら経験を積むことが重要だった。役者の技量として評価してもらうには未熟に過ぎたが、役者の魅力に取り憑かれ、一歩一歩ひたむきに前へ向かって進んでいた。

哲明さんの死

野田さんと病室で過ごしたときから日成らずして、その年の十二月五日に、哲明さんはこの世を去った。

十二月は京都南座の顔見世に出演しているため、向かう前日に、再び見舞いに伺った。なんだかもう会えない気がした。京都へ行く新幹線の中で、私はふと一本のネクタイに思いを馳せていた。

松竹の故・永山会長から誘いを受け、哲明さんと私で宴席に行ったときのことだ。同席しているお客さんに声をかけられた。
「今日は何か特別な集まりですか？　二人ともお揃いのネクタイですね」
互いに顔を見合わせて大笑いだ。同じ柄のネクタイを締めていることに全く気付かなかったのだ。もう二人とも恥ずかしくて、「二度とこのネクタイをするのはやめよう」と言いあった。

命日は、弔問客をはじめ報道陣も多いことを察して、東京には戻らなかった。哲明さんと呑み、語り合った京都の思い出の店を一人で巡った。このカウンターで歌舞伎の未来を語り合い、あのグラスで夢に向かって乾杯した……。その哲明さんの死なんて、誰が受け入れられるというのか。

息子の虎之介とご自宅に向かうとき、あのネクタイを締めて行った。すると奥様の好江さんが、「そのネクタイ、覚えてるわよ」と言って、しばらくすると、彼女もまた同じものを締めて現れた。そして、「これが形見分け第一号よ」と、虎之介の首にネクタイをかけてくれた。

哲明さんは、『船弁慶《ふなべんけい》』の壺折《つぼおり》の衣装をかけ、リビングに横たわり眠っていた。この人に、こんな静かな眠りがあるのだろうか。永遠の静寂と、目の前にいる哲明さんの姿は全く重ならない。

手術の前日、「やりたいことが沢山あるから、頑張ってくるよ」と、電話の向こうで低く語った哲明さんの声が、今も耳に残っている。

その言葉を信じて、彼の帰りを待っていたのは私だけではなかった。目をつむれば、共に過ごした時間が浮かんでくる。しかし哲明さんはもういない。

歌舞伎の世界に戻ったが、生意気なだけで芝居もろくにできない私だった。どれだけ稽古を重ねても周囲との差は縮まらず、負けず嫌いの私がもがいていたとき、背中を押してくれたのは哲明さんであった。役者というものを、目の前で実践してくれたおにいさんの姿に、私はひきこまれ、目指すものが見えたのだ。

哲明さんとは、喧嘩もしばしばしたことがある。酒の席で言い合いになったのだ。気の短いことにかけては折り紙つきのおにいさんは、「お前とは三年間、口をきかないからな」と激昂した。翌日、挨拶に行っても、目も合わせない。その後、再び一座しても、せりふ以外の会話をしてもらえない。これには周囲の皆も驚く始末だった。初日が開けた数日後、挨拶に行くと楽屋の鏡越しに、気まずそうな表情を浮かべて言った。「ダメだ。お前と話をしないなんて、俺には無理だ。今夜、呑みに行くからな」。三年のはずが一ヵ月半になったと、その夜からまたいつもの仲に戻った。

役者とは、大切な人の死に目に逢えない商売だと承知していたはずだった。しかし、まさか哲明さんを、五十七歳の若さで見送ることになろうとは、想像もしていなかった。奇しくもその月の南座は、彼の長男である雅行《まさゆき》くんの勘九郎襲名興行であった。「さようなら」は言わなかった。かける言葉もなく、再び京都まで急いだ。

役者という職業

「役者」という職業を考えてみる。

芝居など観なくても、人は生きていけるだろう。一方で、我々が太古の昔から築き上げてきた文明や歴史があり、そこに流れる人間の感情を表現する手段が、演劇誕生の萌芽だったはずだ。ギリシャ悲劇の始まりは伝承や伝説であったように、歌舞伎の原型は五穀豊穣を願う念仏踊であった。役者はその想いを投影し、芝居に命を吹き込む者として、この世に必要とされるものでありたいと思う。

そして、人々が豊かな人生を楽しむ中に、歌舞伎があったら嬉しいと思う。その中に、扇雀という役者がほんの一瞬の時間を輝かせることができたのなら、こんなに幸せなことはない。

先日、中村翔馬《しょうま》という部屋子をあずかった。十四歳の中学生である。平成中村座で、私の子供の役を演じた縁で、彼は歌舞伎に魅せられた。私と違って、役者の家に生まれたのではないから、自らの意思で歌舞伎役者になる道を選んだことになる。彼のように、どんな未来像でも描ける子供たちが、歌舞伎役者という仕事を選択したことは非常に喜ばしいことだ。歌舞伎役者は、御曹司だけのものではない。

今後もこうした子供たちに門戸を広げていくのも、私たちに課せられたことだと思う。そして彼らに、役者という職業の面白さを味わってほしい。

役者の在り方として、芝居だけに生活のすべてを注力することが良しとされてきた時代もあった。日常を送る動線の中に、社会的なつながりを排除して、芸を磨くことだけに精進する。こうした生き方を、私は決して否定はしない。

ただ彼らと私は、真逆のタイプであることは確かだ。劇界以外で見聞を広げ、人となりを成長させていきながら、役者としての幅を身に着けていきたい。恐らくお袋が学業優先で歌舞伎の舞台に立たせなかったのも、こうした思惑があったからだろう。おかげで何事も自分でやらないと気が済まないため、あらゆる関心事に取り組むようになった。これからは、物を考え、物を言う役者が増えてもいいじゃないか、と思っている。

梨園の世界

「梨園」とは、芸能を行う世界においても特別な環境であろう。私のように歌舞伎の家に生まれた男にとって、役者になり家の名を継いでいくことは、出生前から決まっている。むろん必ず役者にならなくてはいけないという決まりはないし、過去に違う道を歩んだ人もいた。

しかし現状をみると、多くの御曹司と呼ばれる者は子役から舞台に上がり、稽古を重ねて（私のような例外もあるが）、襲名によって先祖の名を名乗り、次代に受け継いでいるのである。現代において、およそこうした因習の中で成立する芸能は多くないだろう。

私も子供の頃から歌舞伎役者になれと強要されたことはない。しかし、邦楽が日常に溢れ、楽屋に出入りしていれば、自分の置かれた状況を理解するようになる。物心つく前から楽屋に行けば、「坊ちゃん」と歓迎され、舞台に立てば拍手喝采だ。そうした環境にいれば、自分の未来像が見えるから、役者になるのが自然な成り行きになるものだと思う。

ここまで外的要因が揃えば、役者にならない選択の方がむしろ不自然だ。しかるべき時がきて「役者に向いていない」となって、初めて他の職業に就くことを考えるのが現実的だ。いわば役者になることが当然と思わせるレールに、生まれる前から乗せられている。他の職業を選択する余地がない社会が、「梨園」だと言ったら皮肉であろうか。

つまり、私の人生の筋書きは、母の胎内に宿った瞬間から定められていたのかもしれない。それを「業《ごう》」とも言うだろう。歌舞伎の観客は、目の前の役者ただ一代の芸を楽しんでいるのではない。歌舞伎を観る楽しみは、私達の中に流れる何世代というその家の血脈、代々の役者たちがもがきながら守り続けてきた魂を楽しんでいるとも言い切れるはずだ。

体に流れる役者の血、曾祖父や祖父の生死の年と、私の歌舞伎人生との因縁めいた符合、上方の家に生まれながら東京で育ち、大人になるまで歌舞伎をせずに過ごしたが、扇雀としてここにいること――そうした濃く太い筋を想うと、私一人の生ではない大きな一連の流れを感じるのである。

2016年３月、歌舞伎座楽屋にて、父・坂田藤十郎と長男・虎之介と。親父は「芸の道は一生修業。終わりはない」と、今も毎日、芝居が変わっていく。大学生の虎之介も、上方歌舞伎の継承に、今から意欲を燃やしているようだ。

第三章

扇雀流芝居づくり

歌舞伎役者の基礎体力

かつて、野田秀樹《ひでき》さんが、「歌舞伎役者は、舞台における行儀がすべて身に着いているね」と、驚嘆の声を漏らしたことがある。野田さんの言う行儀とは、我々の身体に沁み込んでいる歌舞伎役者の〝基礎体力〟だと解釈している。

歌舞伎において、「行儀が悪い」とは、舞台上で無駄な仕草をしたり、せりふの言い方が自分本位だったり、他の役者との調和を考えない動きをすることを言う。玉三郎のおにいさんに、「手を動かしちゃだめよ。じっとしてなさい」と注意をいただいたことがある。「行儀が良い」とは、芝居における自分の立ち位置を理解し、その役に相応しい芝居をする姿勢である。女形においては特に、立役が芝居をしやすいように相手を立てることが「行儀が良い」とされる。小道具を手渡す所作にも心を砕き、自らは三歩下がる気持ちで芝居をする。テクニックだけでなく、心持まで女になる。すると相手役も、あたかも現実の恋愛のように女形に心を寄せ、心底可愛い、抱きたいと思う。そう思わせるのが女形芝居の骨頂だ。

また、役者が備えているべきものの一つに、「出端《では》」と「入端《いりは》」というものがある。武智鉄二《たけちてつじ》先生から教えていただいた言葉だ。

「出端」とは、役者が舞台に登場する瞬間のことである。その芝居がどんなクライマックスを迎えようと、「出端」で観客の目と心を魅了できるような役者になれということだ。「入端」とは、引っ込みの瞬間である。幕が降りた後にも観客に余韻を残すのは、「出端」で劇場を沸かせるのと同じく、役者にとっては重要なポイントである。

加えて、「間《ま》」というものも基礎体力の中で重要な位置を占めている。「間は魔《まま》に通ず」と言われるように、「間」ひとつで舞台は極上にも、またお粗末な代物にもなり得るということだ。

江戸の世話物として名高い『芝浜革財布《しばはまのかわざいふ》』の幕切れで、政五郎《まさごろう》と女房おたつに交わされるせりふがある。

（政五郎）「わけってのはな」
（女房おたつ）「お前さん」
（政五郎）「え？」
――（〝チョン〟の「間」が入る）
（女房おたつ）「いづれ、春永《はるなが》に話しましょうよ」

二人の会話の中に、柝《き》が入るのだが、時間にして一秒にも満たないほんの一瞬である。これが上手くいかないと、途端にわざとらしくなってしまうから恐ろしい。しかし、この「間」に、二人の呼吸がすんなり入っていれば、芝居と客席は一体となることができる。

この「間」を身に着けるのに必須なのが、義太夫《ぎだゆう》の習熟である。歌舞伎は、義太夫や下座音楽の長唄などに導かれる音楽劇でもある。役の性根や人物像が表現されている義太夫が身体に入ってくると、太夫の語るせりふに乗り、体を動かして糸に乗るという、最高に複雑な作業が可能になる。

この「間」は、誰もが日常で経験している。お笑い芸人のボケとツッコミの掛合い、カリスマ店員と呼ばれる人たちが、客の心を掴む会話術、そして親しい者同士にしかわからない〝あうんの呼吸〟ともいう空気感などがそうだろう。

「行儀」「出端」と「入端」そして「間」。これらは、決して一朝一夕では身に着かないものだ。たゆまぬ努力と稽古、また経験を積むことでしか得ることはできない代物である。こうした基礎体力を潜在的に持っている歌舞伎役者たちは、演劇におけるハイレベルなプロ集団だと自負している。

しかし、その基礎体力に甘んじて、受け身の姿勢で芝居に臨むだけではいけない。我々歌舞伎役者が、「傾《かぶ》き者」と呼ばれ、傾《かぶ》いてきた道のりを振り返りつつ、新しいものに貪欲に挑んでいく「傾き者」になりたいと思っている。

演出家としての目

歌舞伎には、他の演劇とは異なり、総じて古典には演出家がいない。演目の主役である役者が演出もするのである。それゆえ、役者は演出家としての視線も持っていなくてはならない。

曾祖父の遺した『玩辞楼十二曲《がんじろうじゅうにきょく》』のうちの『碁盤太平記《ごばんたいへいき》』は完全に演出し直し、『恐怖時代』では、演出家の齋藤雅文《まさふみ》氏と私の二人で練り上げた。私の演出家としての作業は、これらの芝居を掘り起こすことから始まる。特に私の場合は、女形・立役両方を兼ねる役者であることも、有利に働いていると思う。偏らずに演じることで、演出家としての幅も広がる。

二〇一四年八月、歌舞伎座の納涼歌舞伎で上演した谷崎潤一郎原作の『恐怖時代』は思い入れのある芝居だ。

耽美主義と言われる谷崎潤一郎である。〝美〟を追求する中で、人の死と欲望が必要だったのだろう。登場人物が次々と血を流し、無残な死に方をするこの戯曲は、発表当時は発禁処分となったそうだ。

お銀《ぎん》の方の演所《しどころ》は、第一に退廃的で、耽美な美しさの表現である。賢《さか》しい彼女の頭には様々な考えが沸き起こっていて、肚の底には若く美しい女性のような男・伊織之介《いおりのすけ》に対する執着心がある。彼女にとって伊織之介は、ずっと欲しかったおもちゃを手に入れて、傍らに置いておく喜びと同じだ。

人を殺すことに何の躊躇もしない伊織之介を見ていると、彼は、幼児期に虐待を受けていたかもしれないし、両親を殺されているかもしれないと思えてくる。そんな背景を想像してしまうほど、彼の内には深い闇がある。自分へ異常な執着を寄せるお銀の方を受け入れつつ、彼女への愛を表現しない。当たり前でないことを不自然なくみせられるのが、人間の恐ろしいところで、そこを中村七之助《しちのすけ》さんがみごとに演《や》ってくれた。

だがしかし、二人の間にあるのは純愛である。そこをしっかり描きたかった。また、長時間の芝居を大幅に短縮したため、話の筋が初めて観るお客様に伝わるように、心を砕いた。着物が汚れてしまうため、最低限の血のりの演出となった。次回は衣装を化繊にして、流血を派手にする演出も考えている。

私は、親父がかつて演じたこの作品を、誰よりも親父に観てもらって、感想を聞いてみたかった。しかし、八月は休暇を取って毎年ハワイにいる親父は、私の『恐怖時代』を観ることはなかった。

私の『藤十郎の恋』

『玩辞楼十二曲』の中に数えられている『藤十郎の恋』の主人公・坂田藤十郎を、親父の坂田藤十郎襲名以来八年ぶりに、二〇一四年南座顔見世興行で勤めた。演目になっているこの坂田藤十郎とは、元禄時代の名優・初代藤十郎のことである。おじいさんの二代目鴈治郎《がんじろう》も、あまり多く演じていない。

もとは菊池寛《きくちかん》の小説であったが、初代鴈治郎が、大森痴雪《ちせつ》という、座付作家であるブレーンの一人に脚本させたものだ。

これは私の推測なのだが、曾祖父・初代鴈治郎は、五代目歌右衛門《うたえもん》を襲名したかったが、東京の成駒屋が襲名した。やがて曾祖父の心のうちに、上方の大名跡「坂田藤十郎」になりたいという気持ちが芽生えたのではないか。

東京で五代目歌右衛門が誕生した八年後に、菊池寛が『藤十郎の恋』を発表すると、すぐに曾祖父はこの作品を上演した。曾祖父はまず、芝居の中で「坂田藤十郎」になったのだ。それゆえ、初代の『藤十郎の恋』に寄せる思いは格別だったはずだ。そして明治になり様々な文明が入ってくる中で、新しもの好きだった曾祖父は、自分もその変化の大きな流れに乗りたかったのではないか。

二度目の上演となる今回は、菊池寛の原作をあらためて精読した。大森痴雪の脚本を元に、原作の言葉を足し、ないものは削って、作品を作り直した。

さらに、初代鴈治郎の弟子であり、娘婿であった長谷川一夫《はせがわかずお》主演の同名映画も参考にした。幼少期に何度かお会いしたことがある長谷川のおじさんが演じる坂田藤十郎は、得《え》も言われぬ色気と風情があった。それゆえに、初代の生き写しとも言われていた。

長谷川のおじさんの芝居は、藤十郎が仕掛けた偽りの恋で、人妻であるお梶《かじ》が自害した事実を知ってもなお、役者として舞台に立つ姿を見事に演じていた。それは、お梶への懺《ざん》悔《げ》である。この狂言は、第一に元禄の〝初代坂田藤十郎〟と言う、押しも押されぬ大看板の風格を滲み出すことによって成り立つものである。

この演目は、後味の良い内容ではない。祖父二代目鴈治郎は、「偽《にせ》の恋などばかばかしい」と、好まなかったという。不義とは、男も女も死をかけたものだったという当時の倫理観から、時代背景の違いを考え、お梶の亡骸《なきがら》に人知れず手を合わせ、改心して舞台に立つシーンを追加した。

演出に工夫を重ねることで、役者の葛藤や苦悩、業を描いた作品に昇華することができ、納得して勤めることができた。

舞踊の難しさ

歌舞伎の演目には、大きく分けて舞踊と芝居があるが、両者は似て非なるものである。そして正直なところ、私にとって舞踊は実に難しい。大曲を踊る月は、芝居のときより心身に負荷がかかりやすい。

まず、舞踊は音曲があってのものだ。歌詞、曲、そして踊りが一体となって初めてその曲の良さが出る。全体の中で、音楽が占める割合が七〜八割に対して、踊りは二〜三割だろう。これは、舞踊の名手として知られた、故・富十郎《とみじゅうろう》のおにいさんがおっしゃっていたことだ。オーケストラの指揮者の振るタクトが、立三味線のバチに相当すると言える。曲と舞踊の流れは、立三味線のバチと掛け声で決まっていく。

芝居との大きな違いは、芝居は演じている最中に、自分で流れを変えることができるが、踊りは他者の奏する音に乗るため、ある意味、他人任せなのである。自身で舵取りができない分、不安になるときがある。芝居と異なり一人で何十分も踊ることが多く、せりふもないので、お客様が飽きないように、メリハリをつけることを大切にしている。アップ、スローのテンポの差をはっきり表現し、一連の流れから次に変わる瞬間の「間」が流れないように、神経を巡らす。

音楽と私の動きがぴったり合わないときは、居心地がよくないのである。反対に、「今日は気持ちよく踊れた」という実感があるのは、振りと音楽が、自分の中で想像した通りにピタッと合ったときである。これが、「間」に入りたい役者の生理というものだろう。踊っていて、「今日はテンポが早すぎる。音が長すぎてついていけない」と感じてしまうと修正は困難だ。そのため初日が開いても、地方《じかた》さんたちと話をして、細やかな調整をしている。

実は、踊りに対しての苦手意識の原因は、哲明《のりあき》（十八代目中村勘三郎《かんざぶろう》）さんである。歌舞伎の世界に復帰して間もなく、「お前の踊り、下っ手だなぁ！」と言われたのが、トラウマになっているのだ。その哲明さんの追善に初役で踊ったのが、二〇一四年十月歌舞伎座で踊った『近江《おうみ》のお兼《かね》』だ。近江の国で、琵琶湖のほとりに暮らしているお兼という力自慢の娘。暴れ馬を手なずけ、抱えた盥《たらい》の中の晒《さらし》を振り上げるため、晒女《さらしめ》とも言われる。お兼の溌剌とした所作が、明るく華やかな舞踊である。哲明さんが得意としていた一幕であり、遠慮していたのだが……やはり難しかった。

初役と言えば、二〇一六年の一月、大阪松竹座の舞台にかけたのが、『枕獅子《まくらじし》』である。この舞踊は、「獅子物」と呼ばれるもっとも古い長唄の一つで、歌舞伎舞踊の名作として誉れ高い『春興鏡獅子《しゅんきょうかがみじし》』の元になったものだ。九代目市川團十郎が、娘の踊っている『枕獅子』からヒントを得て、『鏡獅子』を創作したと言われている。

近年、私が長唄を踊る際の立唄は、杵屋勝之弥《きねやかつのぶや》さんにお願いしている。大阪の師匠で、透明感と豊潤さを兼ね備えた歌声が、上方の雰囲気によく似合う。彼とは、初日の幕が開いても意見を交換し合い、創り上げていった。

この舞踊は、廓《くるわ》が舞台の艶っぽい一番だ。美しい傾城弥生《けいせいやよい》が恋模様をしっとりと踊っていると、どこからともなく現れた蝶の精・胡蝶《こちょう》と共に姿を消す。やがて獅子の精が現れて、華やかに舞い納めるという、めでたい舞だ。

豪華絢爛な傾城の姿で枕づくしの音曲に乗って登場するとき、私は弥生になっている。その時考えているのは、弥生の来し方行く末である。これまでいったいどれだけこの廓で、偽りの愛を演じてきただろうと、自身の身の上に思いを馳せる。ふと、「私は、何をしているのかしら」と、弥生として我に返ることがあった。彼女の心情を客席に伝えたいと、俯瞰《ふかん》している自分もいた。舞踊は「型」そのものだ。「型」を完璧に自分の物とした先に、役の個性の解釈が、踊り手に委ねられる。そのときに起こりうる現象が、踊り手が役の意識を俯瞰でみる、ということなのだろう。

また、二〇一五年は十七歳の高校三年生だった虎之介と、親子で『連獅子《れんじし》』を踊った。この舞踊にひとかたならぬ思い入れを持って臨んだ息子からは、稽古中から初日が開いても、「ここはこうしてみませんか?」と、何度かアイデアを出されたこともあった。

実は、私自身は、親子だからといって他の役者と共演するときと変わりはない。親子共演は演じる側よりむしろ、お客様のほうが気持ちが盛り上がってくださるのだと思う。

しかし、兄貴の鴈治郎襲名で、倅《せがれ》と共に踊れたことは、大変有り難く、嬉しいことだった。千穐楽では、八十数回『連獅子』を踊り納めた息子の顔に、私に叱られ、稽古場に立ちつくして泣いていた幼児の面影はなかった。代わりにあったのは、いつになく大人びて見えた眉と、『連獅子』を勤め上げた満足感に満ちた、目の光だった。

「踊り納める」という言葉があるが、舞踊には芝居とはまた違う達成感のようなものがある。ひとたび幕が開き、音曲が流れ出すと、何があっても曲に合わせて踊るしかないという ある種の諦念と、そこから生まれる創造性を摑むものではないかと思う。

女形と立役を兼ねる

私はごく最近まで女形として舞台に立つことが圧倒的に多く、この数年で立役も増えてくるようになった。歌舞伎役者は、「立役」または「女形」のどちらか一方を演じることが多いが、上方では両方を「兼ねる」ことが多い。

私が立役を演じると、ファンの方から「女形はもう演らないのですか？」と聞かれることがある。「女形を辞めたわけではないので、ご安心を」と伝えるとホッとするそうだが、実のところ、私は立役にも魅力を感じている。というのも、初代鴈治郎の制定した『玩辞楼十二曲』は、すべて立役なのだ。

親父は女形としてスターになったが、人間国宝として認定されたのは立役としてだ。

女形を初めて演じたのは、大学を春に卒業した年の秋、親父の近松座で、武智鉄二先生の演出による『嫗山姥《こもちやまんば》』の糸萩《いとはぎ》だった。このとき、兄貴が立役だったが、「兄貴より背も高く、日焼けで顔の色が黒い俺がなぜ？」と驚いた。直前まで体育会にいた私に、いったい女形というものができるのか。そんなところからの出発だった。

やがて「扇雀」襲名で、三姫を完演したわけだが、『曾根崎心中《そねざきしんじゅう》』の徳兵衛、『封印切』の忠兵衛《ちゅうべえ》という立役も演じる機会を得た。

徳兵衛を演じたときの、忘れがたい思い出がある。團十郎のおにいさんのお弟子さんに、市川鯉紅《りこう》という女形の役者さんがいた。廊下ですれ違ったとき、そっと耳元で囁いてくれた。

「あなた、徳兵衛いいわよ」

市川宗家の生き字引ともいえるベテランの役者に太鼓判を押されたようで、天にも昇るような気持ちだった。このときに、「俺はもともとは、立役が合っているのかもしれない」と、ピンとくるものがあった。しかし、その後しばらくの間は女形が続いた。私の年代の女形が不足している事情もあるのだが、今後は立役と女形の比率を変えて演っていきたいと思っている。

ときおり、女性らしさの秘訣を尋ねられることがある。歌舞伎の女形を演じるうえでは、心情はもちろんだが、テクニックが重きをなす。私たちが演じているのは、女優の演じる女性ではなく、〝女形〟という男が演じる女性なのである。

手の親指は中に折り見えないようにし、残りの四本の指も開かないようにくっつける、なで肩に見えるように常に肩甲骨を寄せる、身長を低くみせるために膝を折って腰を落とす姿勢（背を盗む）などがそれにあたる。そのすべては、日本舞踊の女形の中に原点が秘んでいる。

また、各役者は、自分が最も美しく見える化粧の仕方を編み出している。眉の描き方から、紅をさす角度、鬘《かつら》の微妙な形にいたるまでこだわり抜いている。私の場合は手の指の反り具合、足の運び、足袋の見え方も計算している。地唄舞《じうたまい》の稽古では、太ももの使い方や裾のさばきかたも教わった。

かつて元禄・享保の時代に人気を博した名女形の芳澤《よしざわ》あやめは、「女形は、舞台を離れた日常生活も女であれ」という芸談を遺している。一方で、先代の雀右衛門のおじさんは、舞台では女形に徹していても、プライベートでは最高にカッコいい男性だった。サングラスに革ジャン、時にタキシードを着こなす姿に惚れ惚れしたことを思い出す。

正反対の私生活を持つ二人だが、どちらも稀代の女形であることに変わりはない。

喜劇を演じる

大切にしているジャンルの一つに喜劇がある。意外に思われるようだが、私は喜劇が好きだ。また、私の喜劇を観たいと言ってくださるお客様も増えてきて、大変嬉しく思っている。よく似てきたと言われる祖父・二代目鴈治郎の喜劇も味わい深く、多くの人に愛されたが、私はそれを観たことがない。むしろ、十七代目・十八代目の勘三郎父子の喜劇を観てきたことが、少なからず影響しているのかもしれない。

人間には、数え切れぬほどの感情があり、端的に言うなら喜怒哀楽がある。狂言では

〝喜〟と〝楽〟を、そして能では〝怒〟と〝哀〟を表現するが、歌舞伎には喜劇が不可欠である。喜劇とひとくちに言っても、文字通り、ドタバタ喜劇から人間の深層心理を描くものまで、多くの種類がある。

喜劇を演じるうえで私が何より心がけているのは、作品の全体像を客観的に把握することだ。役の性根をつかみ、台本を読み込み、何が面白いのかを理解して臨む。台本に書かれていない、役が過ごしている時間、生活臭やクセを徹底的に作り込む。役に私自身を反映するのではなく、役に自分が入っていくという私のやり方が如実に反映されるのが、喜劇なのだろう。

二〇一五年八月、歌舞伎座の納涼歌舞伎で演じた『祇園恋《ぎおんこい》づくし』の大津屋次郎八《おおつやじろはち》は、祇園の芸妓に熱を上げているが、女房との家庭を壊してでも、彼女に走りたいかと言うと、そこまでの気持ちはない。しかし、今どうしても彼女に逢いたい……という思いだけで突っ走ってしまう。そんな男のおかしさを、描きたかった。それには次郎八が何を考え、どんな行動に出るのかを想像し、次郎八夫婦の心理まで掘り下げ、一人の男の人物像を作るのである。
役に入ることは、歌右衛門のおじさんが繰り返し教えてくださった、「肚《きも》」を理解することにほかならない。笑いを取ることだけに意識がいってしまい、「肚」を置き去りにしないように、気持ちを引きしめている。

そして、よりリアルさが求められるのも喜劇である。虚が見えてはいけない。その時点で面白さは消え、お客様はしらけてしまう。例えば、二〇一三年八月、歌舞伎座の納涼歌舞伎で演じた『狐狸狐狸《こりこり》ばなし』の伊之助《いのすけ》の登場では、惚れた女の下着を洗う嬉しさを表現しなくてはならない。まず、ここで笑いを取るのだが、大袈裟に演じつつも、ギリギリの現実感を残したいと思う。つまりお客様からみて、「こういう人、身近にいるな」と、あり得る話にしておきたいのだ。行き過ぎても、物足りなくても、笑いはおこらない。そこは緻密に練っていきたいと思っている。

また喜劇こそ、より「間」が重要になってくる。お客様の爆笑をさらえるかどうかも、

「間」の取り方ひとつで大きく変わってくる。この取り方は、ある意味、テクニックの一つと言えるだろう。喜劇における「間」を摑むとは、芝居全体のリズムを作ることである。経験を積むと、お客様を笑わせるツボのようなものが見えてくるようになる。それは、観客の心理を把握することに等しい。「笑わせてやろう」というのではなく、舞台から客席に移動し、どうしたら笑いたくなるか、面白いかを冷静に見ることが肝要だ。作品を俯瞰で見ることにより、喜劇に必要な全体のバランスも取れてくる。

人情劇と喜劇の境目はないと、常々思っている。良い喜劇というものは、人間の哀愁や弱い部分を見事に描いているからだ。人間の生活感や複雑な内面を目の当たりにしたとき、私たちは共感し、感動を覚え、涙して笑うのだろう。

四代目坂田藤十郎

親父である四代目坂田藤十郎は、不思議な人である。非常に強い星の下に生まれてきた人であり、似たような役者というのが一人もいないと思う。役者以外のことは、周りがすべてやってくれていて、それを自分でもよく分かっている。

そして、真面目な人である。つまりは、何事も中途半端にできないということだ。例えば芝居の中で、「今日はこのくらいでいいかな」となるときがない。完全に全力投球なのだ。これで終わりという意識はなく、毎日、変化していく舞台に喜びを見出している。

これらをすべて楽しんでいるのが、親父の人生のような気がする。

鴈治郎家という大きな流れで見てみると、親父は初代、息子の虎之介は親父、私は祖父の隔世遺伝のような気がしている。親子では、近いがゆえに、見えないものもあるだろう。また、近いがゆえの気恥ずかしさや照れもある。

私は父親と息子としての関わりも、あまりなく育った。普通の家庭では、休日には家族が揃って食卓を囲み、団欒《だんらん》を楽しむだろう。夏休みには旅行や遊園地に出かけ、親は子の勉強を見てやり、成績表に一喜一憂するのだろう。しかし、私の育った家庭にその光景はなかった。親父はそれほど忙しく、自分のことで精いっぱいだった。また、歌舞伎の師としても、一から稽古をつけてもらったことはほとんどない。次男ということもあるかもしれないが、二人きりで食事したり、酒を呑んだこともない。

親父と、祖父の二代目鴈治郎も不思議な父子関係だったようだ。おじいさんは、私たち孫にはそれは優しかったが、ずいぶんと自分勝手な生き方をしていた時代もあったようで、親父はおじいさんとの話をあまりしたがらない。それでも親父と息子、孫と祖父なのである。親父と倅の関係なんて、どこもそんなものなのだろう。

しかし、ひとたび舞台に立つと父・藤十郎は、圧倒的な存在感を放つ。自己主張などしていないのに、現れた瞬間に観客の瞳を捉えて離さないのは、天性の花だろうか。最近は同じ舞台に立つことが多いが、八十四歳を過ぎた今でも毎日、芝居は少しずつ変わっていく。私に尋ねるのである。

「毎日変わってごめんな、大丈夫か？」

「はい。どんな風になっても平気です」

二〇一六年も明けた一月、松竹座『帯屋《おびや》』での八十四歳と五十五歳の、親父と倅の会話である。

上方和事は生き物だ。生きているから、間合いや感情の襞《ひだ》は日々、変化を続ける。日を追うごとに磨かれ醸成されていく芝居に、親父がつぶやいた。

「いい流れになったな」

中日を過ぎた頃である。親父はこの年齢になっても、「明日はもっと」という気構えで舞台に立っているのではないかと思う。無心に舞台に立ち、演じることが喜びであり、幸せなのだろう。

親父の芝居には、一点の曇りもなく、何の作為もない。観客にそう思わせるのは、そこに至るまでの、気の遠くなるような修養を積んだ結果なのだ。しかし、その苦労を微塵も感じさせないのである。芝居をしているのにしていない。もはや、その人物が舞台にいるだけである。客席をまるごと異空間へ連れ去っていってしまう。これが芝居というものの極みであろう。

膝の上をひもで縛り、肩甲骨をつけ、物差しを背中に入れてなで肩にする……。こうした女形の基礎を、親父は十五歳のときから、藤間勘寿朗《ふじまかんじゅろう》先生から叩き込まれていた。また、義太夫や能の手ほどきもみっちりと受けていた。加えて武智先生から、一流の役者になるための薫陶も受けていた。

「遊ぶときは、祇園の一流の店で思い切りなさい。理髪店は、財界人が集まる店を紹介しよう。支払いは気にしなくてよい」

〝帝王学〟を若い時分から仕込まれていれば、素顔でいても垢抜けて、匂い立つような歌舞伎役者が出来上がって然りだ。そんな生き方をしてきた親父が身に着けたものが、上方和事に欠かせない、はんなりとした風情、義太夫への深い造詣、そして台本を読み込む力と絶妙な間の取り方などであろう。

それらが結実したとしか言いようのない親父の芸の一つが、「おこつく」という動きである。これは、よろけてつまずき、走り出すような所作のことだ。引っ込みで、心情を強調するときなどに用いられる。『時雨《しぐれ》の炬燵《こたつ》』では、小春《こはる》が花道の引っ込みでおこつくのだが、心憎いまでの「間」と、馥郁《ふくいく》とした色気まで漂うようだ。初めてこの役をいただいたとき、親父のそれを、ビデオで何回観ただろう。鏡の前で稽古をするのだが、何度やってもあの妙味《みょうみ》には及ばない。

また、親父には若くしてお初でスターになり、世間に「扇雀ブーム」を巻き起こしたプロの矜持《きょうじ》というものがある。

五十歳で近松座を実現させたとき、「いつか坂田藤十郎になりたい」と言ったが、そんな話は家庭で聞いたこともなかった。そして本当に、上方歌舞伎のシンボル・坂田藤十郎を襲名するときも、誰からも反対されなかった。自分をそこまでの役者にしてきたのである。

親父に芸をどうやって磨いたのか尋ねてみても、「何もしとらんで」と言うはずだ。虎之介は、親父の風情を、「時代が作ったもの」と表現したが、そういうものなのだろうか。

いったいどうしたらあの境地に辿りつけるのだろう。もしかしたら、それは親父にとってはとても単純なことなのかもしれない。

伝説の名優たちとの思い出

歌舞伎の世界に戻って三十数年が過ぎた。最近では、一座の中でも年長者の一人に数えられることも少なくない。後輩たちや息子世代の役者を見ていると、彼らと同じくらいの年齢だった自分を思う。そんなとき、脳裡に浮かんでくるのは、「伝説の名優」と謳われた先輩方の姿である。

彼らは十代で舞台に立つことなく、大学を卒業して突然やってきた私を、温かく迎えてくれた。それはとりもなおさず、成駒屋の次男としての私を受け入れてくれたということだろう。

少しずつ私も当時の先輩方の年齢に近づいているが、偉大な役者たちの舞台を生で観て、教えを受けたことがいかに有難く、貴重なことだったか、目の醒めるような気持ちだ。

こうした思い出や教えを後世に伝えることも、残された者の使命かもしれない。私もいつか誰かに、「扇雀のおじさんはね……」と思い出話されるときがくるのだろうか。

役者として圧倒的な佇まいを持っていたのは、六代目歌右衛門のおじさんである。ご自身を律して芸を極めたおじさんの姿は、凛として人を寄せ付けないような孤高の輝きがあった。

おじさんには、今思い出しても冷や汗が出るような思い出がある。それは「名題《なだい》試験」事件と呼んでいる出来事だ。歌舞伎役者は、ある程度の経験を積むと「名題試験」というものを受ける。私がこれを受けたのは、二十七歳頃だったろうか。試験官は歌右衛門のおじさんを中央に、松緑《しょうろく》、梅幸《ばいこう》、芝翫《しかん》のおじさんほか、当時の俳優協会の理事たちがズラリと並んでいる。いちばん隅っこに親父がいて、まさに人間国宝級の俳優だらけである。生き地獄とはこのことで、役者の間では、心臓が飛び出しそうなほど緊張することを、「名題試験のような」と形容する。

そして、この私も扇雀襲名の初日より緊張したのだ。実技の課題は、『義経千本桜《よしつねせんぼんざくら》』のすし屋のお里《さと》だった。演じ始めてしばらくすると歌右衛門のおじさんが親父を手招きし、私に視線を向けながら、何やら耳元で囁いている。親父は正座をし、神妙な顔で頷いている。その瞬間サーッと血の気が引き、脂汗が流れた。「もうダメだ、落ちる……」と覚悟をした。

あとで親父に訊ねると、この課題は江戸と上方では演じ方が異なり、私は上方式でやっていたため、「上方じゃ、ああやるのかい?」聞かれただけそうだ。試験は無事に合格したが、今思い出しても背筋が凍るような話だ。

あの日、試験官の末席にいた親父は、今は俳優協会の会長となり、中央に座っている。同席されていた先輩方は、親父以外はこの世にいない。まことに時が経つのは早いものだ。

めっぽう明るくて、冗談がお好きだったのが、二代目松緑のおじさんだ。私のことを「成駒屋のぼん」と言って可愛がってくださった。あるとき笑いながら兄貴に、「おい、浩太郎は成駒屋の子だけど、お前はどこの子だ?」と、からかう。兄貴は困って目を白黒させていて、おかしかった。舞台でもふざけて、役者たちを笑わせるので有名な方だった。紀尾井町のご自宅で、『素襖落《すおうおとし》』の姫御寮《ひめごりょう》を教えていただいたときのことだ。開口一番に、「お前、踊りたいか?」と尋ねてくる。というのも、姫御寮は演じ方が二つあり、一つは、姫が踊らず座ったままの演じ方で、もう一方は踊るのである。富十郎のおにいさんは若いときに、前者の踊らない方で勤めた。ずっと座っていたため足が痺れ、立った拍子に転んで、鬘がずれたことがあったというのだ。

「一《はじめ》(富十郎のおにいさんの本名)は、このやり方でこけたんだよ。だから、ヒロちゃん、俺の教え方でやらないほうがいいよ。どうする?」と、おっしゃるのだ。私を覗き込む目がいたずらっぽく笑っている。そんな冗談とも本気ともつかないようなことを真顔でおっしゃる、茶目っ気のある素敵な方だった。

松緑のおじさんと共に思い出すのが、五代目富十郎のおにいさんである。私たちの世界では、自分の父親より年長の方を「おじさん」、年下の方を「おにいさん」と呼ぶことになっている。しかし、富十郎のおにいさんに「おじさん」と声をかけると、「おい、おじさんじゃないよ、おにいさんだよ！」と笑っておっしゃる。気持ちの若い方だった。だから、今も「富十郎のおにいさん」だ。

芸風と同様に、おにいさんがいらっしゃるとその場の空気が華やぐ。『傾城反魂香《けいせいはんごんこう》』の雅楽之介《うたのすけ》の注進のとき、楽屋で教えていただいたのだが、初夏に吹く薫風のようなさわやかな口跡が、今も耳に残っている。舞踊の名手としても知られ、キレのある颯爽とした踊りが見ている者を魅了した。

私は、親父からあまり稽古をつけてもらったことがないため、同世代の役者仲間が父親から教えてもらっているのを見て、よその家と我が家との違いに驚いたこともあった。

七代目芝翫のおじさんは、同い年で、この世界で初めて友達になった九代目福助さんと、八代目芝翫さんの父上である。

「芝翫学校」と言われたように、神谷町の御宅に稽古に伺うと、それは厳しく、深い愛情をもって教えてくださる。畳の目一つひとつまで数えて踊らせるというエピソードがあるほどだった。

今も思い出すのは、『髪結新三《かみゆいしんざ》』のお熊《くま》を教わりに伺ったとき、「これは僕の父（「慶ちゃん福助」と呼ばれた名優）が大切にしていたものだから、僕に習ったのなら、変えないで、その通りに演ってくださいね」と、丁寧に教えてくださった。

稽古中は、たとえ我が子であっても他者は中に入れない。師と弟子だけの世界である。ふと、閉じられた襖に視線を移すと、児太郎《こたろう》時代の福助さんが、じっと耳をそばだてている。稽古が終わると、橋之助《はしのすけ》を名乗っていた芝翫さんが待ち構えていて、「親父、なんて言ってた?」と聞いてくる。二十代そこそこ、皆しのぎを削っていた。

おじさんは毎日のように、晩酌をされる。稽古が終わると、誘ってくださることもしばしばだった。芝居の話、昔の役者の話など、おじさんの歌舞伎への深い造詣が情熱的に語られる。家庭で親父の芸談など聞いたことがなかった私は、福助さん兄弟を羨ましく思ったものだ。

左／『枕獅子』傾城弥生。2016年１月、大阪松竹座にて。廓での華やかで艶っぽい舞の後、獅子の精となり、めでたく幕を閉じる古典舞踊の大曲である。音曲に合わせて踊る舞踊は、芝居とはまた違う緊張感と難しさがある。

右／『藤十郎の恋』坂田藤十郎。2014年12月、京都南座・顔見世興行にて。親父の藤十郎襲名で一度演じて以来、二度目だった。上方の大看板・坂田藤十郎の色気と苦悩を表現することに、心を砕いたひと月だった。

第四章

三六五日舞台の軌跡

役者という仕事

この世界に戻ってきてから、三十四年という月日が流れた。私の中では様々な出来事があったが、歌舞伎は四百年という時間の中で、連綿と続いている。

歌舞伎役者は、月の初日から約ひと月の間、休みなく舞台に立ち続ける。通常の芝居に設けられている休演日はない。したがって私たちは、二十五日間、休みなく働くことになる。翌月の舞台も控えている役者は、千穐楽の直後に次の稽古が始まり、すぐに初日を迎えるということになる。多くの役者は昼夜共に出演することが多い。まさに三六五日、芝居漬けの人生である。

役者というものは我ながら過酷な商売だと思うが、役を与えられ、劇場で演じることができるのはつくづく幸せだと思う。

世阿弥《ぜあみ》の言葉に、「寿福増長《じゅふくぞうちょう》（長寿と幸せが増す）」、「遐齢延年《かれいえんねん》（長生きをする）」がある。

芸能というものは、観る人々に長寿と幸福という効用をもたらすと説いているのである。私も歌舞伎が、お客様を幸せにするためのものであってほしいと願いながら、舞台に立っている。

役者の家に生まれたおかげで、この道を選ぶことができた。最近とみに思うのは、役者はお客様あってのものということである。自らを律し、芸を高めていくことは、お客様に喜んでいただくことに通じている。歌舞伎を観ていただくことが、健康と幸せの源になり、それが役者である私自身にもかえってきていると思えるようになった。

これまで、どれだけの劇場で、どれだけのドラマを演じてきたことだろう。劇場の数だけ、芝居の記憶がある。芝居の数だけ、役者にも思いがある。そして、お客様の心にも響いていただけたならば、私たちも役者冥利に尽きるというものだ。

串田監督版お岩様

二〇一六年六月、シアターコクーンで串田和美監督版の『四谷怪談《よつやかいだん》』を上演した。私は、お岩様《いわさま》と佐藤与茂七《よもしち》の二役だ。

今回も稽古は丸一ヵ月に及んだ。台本が来たのは稽古の初日当日。まず驚いたのが、元の台本を串田さんが大胆にカットし、せりふが変わっていたことだ。

串田さんからは、「今までのお岩様をすべて排除してください」と言われた。お岩様は私にとって初役だったが、親父や哲明《のりあき》（十八代目中村勘三郎《かんざぶろう》）さんのお岩様を何度も観ていたので、〝串田版お岩様〟を作ることから始めた。

串田さんは今回の『四谷怪談』で、相当なチャレンジをする気だな、と思った。

私はまず、六キロほど減量して稽古に臨んだ。ふくよかなお岩様ではいけないと思ったからだ。お岩という女性の夫への深い愛、侍の女房であるというプライドや品というものを崩さず、さらにドラマの根底にある『忠臣蔵《ちゅうしんぐら》』のストーリーを大切に演じていこうと決めた。

また、彼女が崩れた顔を鏡に映すシーンには苦心した。女性は、自分の顔が醜く変貌したときどうするだろうか。悲鳴を上げて鏡を放り投げるか、ショックで気を失うか。いや、じっと冷静に、変貌した顔を確かめるのではないか。彼女が静かに鏡を見ている。その静の中にある恐ろしさ、哀しさを表現したかった。お岩という女性の怨念が恐ろしい結末を導く物語として知られるが、一人の女性の切ない生を感じてほしかった。

串田さんの革新的な演出は、細部に亘って施された。今回のコクーンで印象的だったのは、随所に登場するサラリーマンたちである。平凡なグレーのスーツを着た彼らは、現在の日本を象徴する、どこにでもいる人間たちだ。『四谷怪談』に描かれている哀しみは、時を越えて、誰にでも起こりうるストーリーだということを、串田さんは表現したかったのではないか。

そしてラストシーンでは、多くの人々が、世代や国籍、職業を超越して登場する。これは伊右衛門《いえもん》の脳内で起きていることを表している。

この場面は、実験の場であるというコクーン歌舞伎を象徴しているように思う。

そもそもシアターコクーンは、歌舞伎を上演するための劇場ではないため、花道も廻り舞台もない。この空間でしかできない新しい挑戦を、監督の串田和美さんのもとで、哲明さんを先頭に創り上げていった。初演は一九九四年だ。串田さんは、海外で学んだ経験もあり、南北に惹かれていて、古典を新しいものに演出することに長けている。コクーン歌舞伎は、失敗を恐れずに、歌舞伎の可能性に賭けてきた。

また、『夏祭浪花鑑《なつまつりなにわかがみ》』では、見得をより際立たせるために照明を消して、役者の顔の半分にスポットライトを当てるという、通常の歌舞伎にはない手法を取った。歌舞伎において欠かせない見得を切るという所作は、クローズアップのテクニックだ。人物そのものや、彼の内面を強調する。光と影が混在することで、人物の陰となっている意識を表現した。また、『佐倉義民傳《さくらぎみんでん》』で、ラップをやれと言われたときは、果たしてお客様は受け入れてくれるだろうかと戸惑ったが、これもコクーン歌舞伎だからできたことであろう。

渋谷という若い文化の発信地で行われるコクーン歌舞伎は観劇料金も下げ、歌舞伎を初めて観る若いお客様を意識したものでもある。今後の課題の一つでもある若い世代へのアピールを、これからもコクーンという場から、発信していきたいと思っている。

原点回帰の芝居小屋

江戸の昔、今ほど人々の暮らしに娯楽があふれていなかった頃、歌舞伎は庶民の楽しみであり、芝居小屋は社交の場、つまり生活の一部であった。

役者は今でいうアイドルで、時には全知全能の神、時には世間を騒がせた事件の主人公や、流行の先端を行くファッションのお手本と、そこには、あらゆる楽しみが詰まっていた。人々は身分に関係なく、朝から日暮れまで歌舞伎を見て食事をし、呑み、語らいながら時を過ごしていた。そんな江戸時代の芝居小屋というテーマパークのような空間に、平成のお客様を誘《いざな》いたい……それが平成中村座の構想の原点だった。

コクーン歌舞伎で出会った串田さんと哲明さんが、二〇〇〇年に、浅草隅田公園に江戸時代の芝居小屋を再現した仮設劇場を建て、平成中村座を作った。『隅田川《すみだがわ》続《ごにちの》俤《おもかげ》法界坊《ほうかいぼう》』を上演したのが始まりである。

一回目の頃は、芝居が終わると客席の座布団を上げて、出演者とスタッフ全員が車座になって宴会を開き、桜の時期には花見もした。その酒の旨かったことは言うまでもない。「江戸時代も、きっとこんなことをしてたんだよなぁ」と、皆で遅くまで語り合った。また、役者全員で御簾内の壁にサインをし、その壁を次の平成中村座でも使っていたのだが、今その壁はどこにあるのだろう。

コクーン歌舞伎が実験の場なら、平成中村座は原点回帰の劇場である。小屋というハード面だけでなく、演目というソフトの面でも古典を重視した。『忠臣蔵』を通しで上演したのはその恰好の例と言えるだろう。

その後、平成中村座は海外にも進出した。世界三大演劇祭と言われるフランスのアヴィニョン、イギリスのエディンバラ、そしてルーマニアのシビウでも上演した。シビウはルーマニアの片田舎にある街だった。工場に仮設舞台を作って窓には黒い布を張り、同時通訳をつけて上演していたある日のこと。客席に、赤ちゃんを抱いたお母さんがいた。すると芝居中、そのお母さんが赤ちゃんにお乳をやり始めたのだ。これを見た哲明さんは、昔はこういうことが当たり前だったのだと、それは喜んでいた。

ニューヨーク公演のために最初に選んだのは、『夏祭浪花鑑』だった。ニューヨークはメトロポリタン、オペラハウスの横に、平成中村座のテントが立ち、のぼりが立ったときは、興奮した。しかし、ニューヨーカーたちの目に、東の果てから来た我々がどう映るか……。彼らの洗練された目は、厳しく辛辣だ。ニューヨークタイムズの劇評に酷評されたらおしまいだし、彼らはつまらない芝居には二度と足を運ばない。

串田監督のニューヨークでの演出は、ラストシーンで哲明さん演じる団七《だんしち》をサーチライトが照らし、現地の俳優が扮したニューヨーク市警が「フリーズ！」と言って、ストップモーションで終わるというものだった。

次の瞬間、観衆はスタンディングオベーションに加えて、なんと足踏みもして、感動の気持ちを送ってくれた。中村座全体が地響きのように揺れ、私たちも感動に震えた。

ニューヨークタイムズに劇評が載る日の未明のことだ。哲明さんから役者たちに、ホテルの彼の部屋に集合がかけられた。

「明日の朝刊だ」と渡されたのは、堂々二ページに亘り掲載された平成中村座の劇評であった。哲明さんと私の写真が大きく掲載されている。

「スパイダーマン（当時上映されていた大ヒット映画）より、こっちを観ろ！」と、書かれてあった。そこには私たちが気づかぬほどの細かい表現で、絶賛の記事が掲載されていた。

「また帰って来られる！」と、皆でシャンパンで乾杯したのが昨日のことのようだ。

あれから何年経っただろう。その中村座が、昨年（二〇一五年十〜十一月）、大阪城・西の丸庭園で行われた。大阪の陣から四百年という節目の舞台だった。谷崎潤一郎作『盲目《もうもく》物語《ものがたり》』のラストシーンでは、舞台後方の壁が開くとライトアップされた大阪城が聳《そび》え、哲明さんが紗幕《しゃまく》に姿を現した。この演出は、私が提案したものである。初日、お市《いち》の方《かた》に扮した私が琴を奏でた後、鳴り止まぬ拍手とカーテンコールの中で涙した。必ずここに戻ってくると言った哲明さんの約束を、実現させることができた。そして、平成中村座も必ず次代に遺していくことを誓った。

野田歌舞伎

現在私たちが古典と呼んでいる歌舞伎の演目にも、必ず初演があった。『仮名手本忠臣蔵《かなでほんちゅうしんぐら》』『義経千本桜《よしつねせんぼんざくら》』『菅原伝授手習鑑《すがわらでんじゅてならいかがみ》』……。数え上げればきりがないほどの古典作品だが、初演のときには作者、役者、興行主、そして観客、皆が緊張と期待、惧れと不安で眠れぬ夜もあったに違いない。そうした作品が当たり、再演を繰り返しながら練り上げられ、いつの頃からか古典と呼ばれるようになった。そのときは誰もその作品が、何百年も後の世で上演されることを念頭に置いているはずもなく、ただ面白いものを創りたいという一念で突っ走ったことだろう。

野田歌舞伎は、まさに、百年後に古典となっている。その初演に私は役者として立ち会っているのだ。

野田秀樹《ひでき》さんは、日本が世界に誇る劇作家であり、演出家、そして俳優だ。彼の素晴らしいところは、イギリスに留学し、世界の演劇を深く勉強していることに加え、四百年という歌舞伎のルールを踏襲しているところにある。例えば、シェイクスピアの戯曲と同様に、韻を踏むなど、言葉遊びを非常に大切にしている。もともと歌舞伎の台詞も、七五調や掛詞を巧みに使っているが、それをきっちり守ったうえで、新しいものを目指している。さらに、野田さんは劇作家、演出家に加えて素晴らしい俳優でもある。そしてこれらすべてにおいて、とてつもない才能を発揮する。彼は自身の芝居で、よく女性を演じているが、歌舞伎の女形を意識しているように思う。彼の世界観において、歌舞伎というものがしっくりきたのだと思う。

野田さんとの出会いは、二〇〇八年の納涼歌舞伎で、野田歌舞伎を見据えて行われた、二週間ほどのワークショップだった。歌舞伎役者から新派の俳優まで多くの役者が参加した。劇団☆新感線の古田新太《ふるたあらた》さん、哲明さん、私のほか福助さん・橋之助《はしのすけ》時代の芝翫《しかん》さん兄弟もいた。

このワークショップは、私にはとても刺激的だった。歌舞伎以外の役者たちや、野田さんの演出に触れられたこと、すべてが血となり肉となった実感があった。例えば、野田さんが「波になってみろ」と言う。体を使って表現しよう、というわけだ。みんな思い思いの「波」をやるわけだが、ずば抜けて面白かったのが、古田さんだった。このような稽古をしたことのない歌舞伎役者たちは、戸惑いながらも勉強になったはずだ。

納涼歌舞伎で演じた『野田版研辰《のだばんとぎたつ》の討《う》たれ』で、私の勤めた妹娘《いもうとむすめ》おみねの今も忘れられないせりふがある。「女子アナになれば、プロ野球選手と結婚できます」。この台本を読んで、思わず野田さんに聞いてしまった。「これ、ほんとに歌舞伎で言うんですか?・」。野田さんは、「はい」と冷静に答えたが、「女子アナ」には心底驚いた。皆こんな調子だったから、稽古期間中はお客様の反応が心配だった。ひかれてしまうか、ウケるか……。

初日が開いた。その日の芝居が終わった後のカーテンコールの光景は、生涯忘れることはないだろう。観客の拍手で劇場全体が振動し、一瞬床が上に上がったような錯覚を覚えた。お客様も役者も、皆、満ち足りた目をしている。かつて、河合義隆《よしたか》監督の舞台『きらら浮世伝』で見た桃源郷を、再び見つけたようだった。「俺は一〇〇年先の古典の初演を目撃し、立ち会ったんだ」。なんとも言えない興奮が体を走ったのを覚えている。

二〇〇三年八月には、『野田版鼠小僧《のだばんねずみこぞう》』を歌舞伎座で上演。このときも私のせりふには、「キリキリキリキリキリキリ……」と、何個も「キリキリ」が並んでいる。私の演じる辺《へん》見妻《みつま》おらんが怒りを露わにしている場面だ。彼女の心情を擬態語で表しているだけかと思い尋ねると、「いいえ、せりふですよ。全部言ってください」と真面目に返答される。またもや、「……!?」である。そして一同は、大爆笑だ。

「扇雀さんなら、できると思って」と、アテ書きで台本を書いてくれるのが野田さんだ。野田さんの芝居には、あたかもアドリブととれるようなせりふがあるが、実際はアドリブは一切ない。劇作家として言葉を大切にしている野田さんらしい。野田さんは、扇雀という役者の中に眠っているものを引き出してくれた恩人だ。それは私さえも知らなかった自分だ。

ところで、野田歌舞伎において私は、野田さんと歌舞伎役者たちの通訳的なポジションでありたいと思っている。その信頼を、彼から得ていると自負しているのだが……。

例えば、野田さんが役者に要求していることは、普段、古典歌舞伎しか知らない彼らには通じないのだ。野田さんはご自身で具体的にやって見せるということがない。だから私が実際に体を使って、「野田さん、こういうことですよね？」と、演じてみせる。

それを見た役者は、「え、そこまでフッていいんですか？」と驚きながらも、そこは役者の基礎体力がばっちりついているプロ集団ゆえ、すぐに野田さんの求める芝居ができるというわけだ。

比べることではないが、野田さんと同じような位置にいるのが、クドカンこと宮藤官九郎《くどうかんくろう》さんだ。しかし、彼と野田さんは違う感性の持ち主だ。一言でいうなら野田歌舞伎は

「芝居」で、クドカンの歌舞伎は「映画」のようである。彼は時代の先端を走っていて、今の若い人たちがどうしたら食いついてくるか、という部分に才能を発揮する人だと思う。彼の台本では、せりふや場面展開のリズム、スピード感が重視される。じっくりと心情を描くというよりは、各場面にインパクトを持たせる。観客は、まるで映画を見ているような気持ちになるだろう。それに対し、野田さんの歌舞伎は、あくまで芝居だ。せりふで心情を表現しながら、芝居として様々な要素を作り込んで見せていくというスタイルだ。

歌舞伎には、「一声、二顔、三姿」という言葉がある。野田さんのよく通る高い声を耳にする度に、もし彼が歌舞伎の家に生まれていたら、素晴らしい役者になっていただろうと思う。彼の作品を歌舞伎で演じると、役者になってよかったと、つくづく思うのである。

鴈治郎家ゆかりの地

南座（二〇一六年十二月現在、南座は耐震工事中である）の歴史は古い。そもそも、歌舞伎の祖と言われる「出雲《いずも》の阿国《おくに》」がかぶき踊りをして評判になったのが、ここ京都四条河原とされる。

歌舞伎発祥の地に建つ由緒ある南座の顔見世興行に出演できることは、歌舞伎役者にとって嬉しく誇らしいことで、上方役者・鴈治郎家の私には、なおのことである。

南座は劇場も古いのだが、楽屋も古い。迷路のように入り組んだ舞台裏をくぐりぬけるように歩いていくと、私の楽屋に到着する。ここ数年は、毎年顔見世に出演させていただいているので、十二月十九日の誕生日もクリスマスも、京都で迎えるのが恒例となった。馴染みのバーからモミの木が届き、付き人がツリーを飾ると、私の楽屋はクリスマス一色になる。楽屋の窓からは四条河原が見える。閉め切る役者も多いのだが、私は必ず窓の障子を明け、歌舞伎発祥の地、京都の街の息吹を感じながら仕度をする。行き交う人々の中に曾祖父や祖父の姿を探しているのかもしれない。

二〇一五年の顔見世で上演したのが、『玩辞楼十二曲《がんじろうじゅうにきょく》』のうち『碁盤太平記《ごばんたいへいき》』である。二〇一四年の四月、歌舞伎座で私が四十年ぶりに復活させ、さらに練り上げた。一九七五年一月、おじいさんの二代目鴈治郎《がんじろう》が歌舞伎座で上演して以来で、親父は一度も手がけていない。

かつて、初代鴈治郎の弟子に、中村松若《しょうじゃく》という役者がいて、「松若ノート」と呼ばれるメモを残している。それを手に入れて読み込むことから、この作品の掘り起し作業は始まった。台本を出演者全員で読み合わせし、地方《じかた》さんたちとも入念な打ち合わせ、稽古を重ねた。上方歌舞伎は比較的、自由に芝居を作っていくのだが、これは曾祖父の遺した『玩辞楼十二曲』なので、初代の演技を目標とした。曾祖父に少しでも近づくため、衣装選びにも苦心したが、当時の写真はモノクロなので色が分からず、想像するしかない。内蔵助《くらのすけ》と曾祖父のイメージ、そして私の顔映りなどを考慮して吟味した。

こうして、上演の途絶えた家の芸を掘り起こすという作業をしていると、曾祖父のしてきたことは、ゼロからのスタートだったから私の苦労の比ではないが、同じようなことをしているのだな、という感慨を覚えた。

曾祖父の芸に対する姿勢は、厳しくて有名だった。千穐楽でもダメ出しをするので、「旦那、今日は千穐楽です」と言われると、「今度やるときの話だがな」と、言ったそうだ。妥協を許さず、常に向上せねばならないという気概がなければ、一代であれほど偉大な役者になることはできなかっただろう。

今回の南座では、台本も書きかえ、内蔵助の妻の名前も史実通りに変更し、また幕切れの引っ込みも変更を試みた。一回目は初代の演じた通り、花道を内蔵助が先に立ち引っ込むが、今回は主税が先、そのあとに内蔵助が引っ込む流れにした。初代の演《や》り方は、仇討ちを何よりも念頭に置いている内蔵助の気持ちを表現している。しかし、私は内蔵助が母や妻と別れるときの、彼の心情の深さをじっくり観ていただきたいと考えて、変更に踏み切った。

かくして『碁盤太平記』は新しく生まれ変わった。先人の残したままを尊重するのは大事だが、やるからにはより良いものをお見せするため、信念に基づいて作りかえていくことが、後を継ぐ者の使命ではないか。作品の中で役者がやるべき必然である。

今回も曾祖父が演じた内蔵助の写真を額に入れ、化粧前《けしょうまえ》（鏡台）において顔を作っていった。お客様から、「写真で拝見した初代さんとそっくりですね」と言っていただき、素直に嬉しかった。曾《ひい》おじいさんの内蔵助が駕籠から出てくる姿がとにかくカッコよくて、これに近づきたかったのだ。

長い年月、眠っていた我が家の作品を復活させた経験は、私にとって何物にも代えがたいものとなった。しかも、鴈治郎家ゆかりの地である京都の顔見世興行で上演できたことで、あらためて私の中にある上方役者の太い根幹を確認したのである。

東京で育ってきても、やはり私は上方の人間なのだ。先祖が作り、守り、遺したものをこの私がまた、平成の世のお客様に届けることは、使命である。私がやらずして誰がやるというのか。そのくらいの気持ちでぶつかった作品だった。

芝居の神様が宿る金丸座

金丸座は、「芝居の神様が降りてくる場所」と言われている。この土地に咲く桜もまた美しく、小屋に至るまでの坂をゆっくり踏みしめると、そこかしこに金丸座が誕生した天保の世の人々の息吹が感じられる。温かい風に乗って赤ちょうちんが揺れると、当時の街のさんざめきまで聞こえてくるようだ。

日本最古である木造劇場の木戸口は、押すと、ぎぃと小さな音がする。狭い楽屋に射す光は、電灯の灯りと異なり優しく柔らかい。小屋を覆う土壁は、触ると埃が立ちそうだ。舞台と一体となるような狭い客席に通る花道に立つと、木の匂いが肺をいっぱいに満たす。ところどころにへこみがある木の床は、幾星霜《いくせいそう》を経て、鈍い輝きを放っている。いったい何人の役者が、この舞台を踏んできたのだろう。私もその数多の中の一人なのだ、と深い思いを抱く。

ここに機械的な舞台装置は一切ない。照明の電気はあるものの、窓を開けて光を採りこむため、夕刻を過ぎると上演ができなくなる。廻り舞台やセリはすべて人力で動かしている。琴平の町の青年部の方たちがやってくれているのだ。彼らの本業は、酒屋、ラーメン屋、そして染色家……と、それぞれだが、金丸座が開く時期になると協力してくれるのだ。街おこしの一環でもあるのだが、年を経るごとに地元に根付いているのを目の当たりにするのは、悦ばしいことだ。

青年団の方たちと一ヵ月もの間、一緒に舞台を勤めているとすっかり親しくなる。夜には酒を酌み交わし、語り合った。かつてもここに、芝居好きが集まっては、賑やかな夜を過ごしていたのだろう。

満開だった花が散って葉桜になると、千穐楽を迎える頃となり、この小屋とも、しばしの別れとなる。

二〇一六年四月は、七年ぶりの金丸座・こんぴら歌舞伎だった。今回の役は、『鷺娘《さぎむすめ》』である。舞台と客席が近いという小屋の特徴を生かして、客席前方にも雪を降らす演出を試みた。お客様は、鷺娘と自身が一つになったような錯覚に陥ったのではないかと思う。そして仮花道で海老反りをすると、鷺娘の髪の毛がそばにいるお客様に触れそうになる。客席の反応が直に感じられて、新鮮だった。

演所《しどころ》としては、まず根底にある乙女の心根だ。鷺の精が可憐で儚く、美しい娘の心情を舞う。白無垢に綿帽子という登場の嫁入り姿、絢爛豪華な振袖、そして傘を巧みに使った振付など、〝眼福舞踊〟の一つだと思う。再演を重ねていきたい作品の一つだ。

扇雀の舞台裏

役者の一日は、楽屋入りから始まる。歌舞伎の場合は、初日や千穐楽などの特別な日を除けば、役者は自分の出番に間に合うように劇場に到着すればよい。

私は、本番の四時間前には目を覚ますと決めている。これはある医師から、人間は声帯が目覚めるまでに最低三時間を要すると聞いたからだ。

朝食はしっかり食べるほうではない。これまでの経験で、やや空腹感があったほうが、集中力が増すためだ。また、女形の衣装は帯の位置が高いうえ、腰ひもをきつく締めるので、本番前に食事を摂ると苦しくなってしまうのだ。

歌舞伎座の楽屋口に入ると、着到板と呼ばれる板の、役者の名前が書いてある木の上へ棒を差す。これは、言わばタイムカードのようなものである。

役者ごとに楽屋入りの時間も異なるため、私が入っていくと、仕事が終わって帰っていく役者もいるのが、この世界の面白いところだ。何時に会っても「おはようございます」「お疲れ様でした」と互いに声を掛け合う。

「こんにちは」「こんばんは」をこの世界で使わないのは、「こん」には「客が来ん」に通じるからとも言われている。

我々は毎月違う劇場が仕事場となるため、楽屋も月ごとに部屋が割り当てられる。弟子や付き人たちが心を込めて整えてくれるこの空間は、一ヵ月の間、私だけの部屋となる。

毎日数千人の人の目に曝され、ともすると身も心もささくれ立つような舞台生活の中で、心を落ち着かせ英気を養い、また役になるための準備をするための本陣ともなる。

楽屋に入ると、早速仕度にとりかかる。私たちは、化粧をすることを「顔をする」と言っている。私の化粧の所要時間は約二十五分だ。これは早い方だと思う。なまじ長い時間、顔をいじっていると、あちこちと気になってしまい、際限がなくなるから、潔く仕上げたほうがいいのだ。

私の顔作りのポイントは、唇だ。女形の場合は、美しさの要ともなるので特に大切で、指を使って紅を差し、紅筆で仕上げるのだが、これがなかなか難しかった。思い描いたような唇の曲線と形に仕上げられるようになるまでには、何年もかかった。

顔が終わると、衣装をつける。お姫様や花魁《おいらん》など重厚で絢爛な衣装になるほど重量もあるため、とても一人で着ることなどできない。衣装さん、弟子や付き人が総出で着付けをしてくれる。衣装を着終えている頃には、すでに気持ちは役に入っている。

着付けが終わると、床山さんが鬘をつけてくれて仕度は完成だ。あとは出番を待つのみである。

楽屋は日が射さない部屋が多く、鬱々として気が塞いでしまう。時間を見つけては、外の空気を吸いに出かける。ぶらりと書店に立ち寄って本を手に取ってみる日もあれば、ただ街中を歩くだけのときもある。昼の部と夜の部の間などで、長い時間を自由に使えるときは、ジムに行って体を動かしている。

楽屋での過ごし方は、まさに十人十色だろう。

私は、化粧（かお）をしながら、役に入り込んでいく。まず、下地となる鬢付け油を顔から首筋にかけて塗り、目の周りに赤い紅をひく。これを下紅（したべに）という。白粉を刷毛で塗り、指で上唇、下唇と紅を塗る。紅筆で形を整えてから仕上げる。目はりという油紅を目元にひき、眉を描く。衣装を着付けて、鬘をのせると、傾城（けいせい）が出来上がる（2016年３月歌舞伎座『寿曽我対面（ことぶきそがのたいめん）』大磯の虎〔おおいそのとら〕）。

第五章

伝統芸能を娯楽に

お客様を迎える空間づくり

歌舞伎は、エンターテインメントであってほしいと思う。芸術と呼ばれるような、敷居の高いものになってはいけない。もちろん歌舞伎は、音楽から美術・衣装、そして役者の演技まで、どれを取っても素晴らしい芸術性のあるものだ。

今でこそ日本を代表する伝統芸能に昇華されているが、その原点は庶民の娯楽であり、芝居小屋は生活に密着した社交の場であった。

世間を騒がせた事件をすぐさま戯曲にしてしまう座付き作者がいて、演じる役者はアイドル的存在となり、最先端のファッションや流行も生まれた場所だった。下座音楽は、ライブ音楽を楽しむのと似ているだろう。「歌舞伎に行けば夢が見られる」と、人々が期待を寄せるテーマパークのような空間であったはずだ。

歌舞伎役者にはディズニーランド好きが多く、私もその一人だ。エンターテインメントとして、常に最高のパフォーマンスを見ることができる。テーマに沿った個性的なアトラクションや、季節ごとに変わるパレードも面白い。キャストスタッフの徹底したサービスは、非日常の空間へと誘う大切な役割を担っていると実感する。ディズニーワールドの世界観を体験できるように計算された演出は、素晴らしいものだ。

歌舞伎を観に行くときも、ディズニーランドに行く気持ちと同じであってほしいと思う。劇場に緊張して足を運ぶことや、歌舞伎の見方を勉強しなくてはと考えてほしくない。現代の歌舞伎においては、庶民の娯楽として親しまれていた当時の演出方法である「ケレン」から、宙乗りや早替わりといった演出方法を積極的に取り入れた演目もある。

時代を超えて観客を魅了することができるように、現代的な工夫とそれを支えるスタッフたちの技術を総動員して、さらなる趣向を凝らしていきたいと思う。そして、何よりもお客様が愉しみを語り合える、劇場という空間を維持していきたい。

例えば、仕事帰りに観劇できる歌舞伎を試みたいと思っている。現行の夜の部は開演が四時半であるため、平日に働いている社会人には見ることが難しいだろう。レイトショーのように、チケット代を安くして一幕の短いものを上演するのだ。日常生活の煩わしさから解放されて、帰宅前に立ち寄れるスポットとして定着してほしい。芝居がはねた後は、夜の銀座で過ごせる洒落た店を紹介するのはどうだろう。

ニューヨークでは、仕事の終わりに舞台を見て、その後に近くのバーで芝居の話に花を咲かす光景が当たり前だ。日本でも、生活の一部に芝居が根付いてくれるとよいと思う。

おもてなしの心遣い

歌舞伎がお客様を楽しませるエンターテインメントであると考えると、迎える私たちに必要不可欠なことは、おもてなしの心遣いだ。その作法を一番身近に感じることができる場所は、やはり料理店である。私は食いしん坊でもあり地方公演が多いこともあり、あらゆる店構えの飲食店に足を運んでいる方だと思う。そして、提供されるおもてなしの真髄に触れたとき、その店の料理長は舞台の演出家と同じであると感じるのだ。

気に入りの店に行くときは、「何を食わせてくれるのだろう」と前日から胸が高鳴る。店に向かうと、ひっそりと佇む洒落た看板が目に入ってくる。庭先には、季節の花が咲いている。「お待ちしておりました」と笑顔で出迎えてくれる姿に、気持ちが和む。席に着くと、こちらの体調をさりげなく尋ねながら、同伴者との関係を把握してくれる。そして、伝統と創造が巧みに交わった一皿をいただくと、自然に会話が弾む。料理長の心意気が感じられるから、私たちも存分に楽しむことができるのだ。

料理長は、調理場という舞台裏から料理人に指揮を出して、旬の食材を最高の一品へと昇華させる。劇場である店のサービスを提供するスタッフは、各テーブルの観客を美食の探求へと誘う。店内は、お客様の動線に合わせて設計され、そこに選び抜かれたインテリアや器が並ぶ。この心地よい空間を作りだす演出は、料理長のおもてなしにほかならない。これらのおもてなしがお客様の期待以上であったとき、その感動がリピートにつながるのだろう。

歌舞伎の劇場においては、舞台の感動が、開場から休憩中のロビーで過ごす時間、そして終演後まで、余韻として残るような心配りをしていきたい。劇場係の立ち居振る舞いから言葉づかいに始まり、幕間に楽しむ食事やお土産まで、歌舞伎をもっと堪能できるようなサービスが求められる。これを実現したのが、平成中村座だった。劇場の門をくぐれば、お客様が充分に芝居を満喫できるように、芝居小屋をプロデュースしたのだ。

これからは、海外から来るお客様がより観劇を楽しめるような工夫も必要だ。日本の文化を象徴する歌舞伎だからこそ、日本人が相手を尊重して、もてなす心遣いを感じられる場所として存在できれば嬉しい。

役者は、面白い芝居をお見せすることは大前提だが、劇場全体の演出も含めて考えるべきだろう。お客様に寄り添う心尽くしで、もっと歌舞伎のファンを増やしていきたい。

歌舞伎ができるまで

歌舞伎の興行は、松竹株式会社が運営している。演目の制定（公演日・役者・劇場）は、松竹の演劇制作室の会議で決定されるのだ。役者からは、役柄の要望を伝えていることもあるため、双方の話し合いが持たれる。

スーパー歌舞伎などは、まれに一年も前から決まっていることもあるが、基本的には演目・配役が決定するのは三～四ヵ月前だ。すべての配役が決定して台本が来るのは、前月の十日を過ぎてからである。役者たちは千穐楽まで各地に散らばっており、稽古で全員が揃うのは難しい。役者にとっては、過酷なスケジュールである。

当然ながら、芝居は役者だけで成り立つものではない。日々の興行を支えるスタッフたちの技術と、私たち役者の演技がスパークしたものが、歌舞伎というエンターテインメントを作り上げている。

大道具さんの熱意を実感したエピソードがある。二〇一四年八月の納涼歌舞伎の『恐怖時代』でのことだ。この芝居は、登場人物が血みどろの惨殺劇を演じるというものだ。私はどうしても舞台に、刀をブスリと突き立てる演出をしたかった。ところが、新築の歌舞伎座の、真新しい床板を傷つけるわけにはいかない。すると大道具さんが、「一日時間をください」と言う。翌日になると、刀を刺すために穴を開けた板を、舞台上の床板と差し替えてくれたのだ。こういう仲間たちに支えられて、役者は演じることができる。

そして、歌舞伎に欠かせないものに鬘がある。その役柄の年齢・身分・職業が、髪の形や結い方だけで判別がつく。鬘さんが本番の前の月に、役者の頭と鬘を合わせる作業があるが、これを「頭合《あたまあ》わせ」という。公演中は、床山さんが毎日楽屋に来てくれ、鬘の髪を綺麗に結い整えてくれる。役者は、舞台上で美しく見えるように頭の形を研究しているので、時にはアドバイスをいただきながら進めていく。

舞台衣装と小道具は、過去に使用したものを記した附帳《つけちょう》を見ながら、実物と照らし合わせて決めていく。小道具は、扇子、刀、煙管まで、その種類と数は無限だ。演目によっては役の要となるので、その選び方にも、役者のセンスが問われるところである。

多くの商業演劇では、衣装・メイクさんがいてくれるのに対して、歌舞伎は役者に委ねられている部分が多い。上演されるまで、存外に短い稽古・準備期間である。役者は、歌舞伎にまつわるあらゆることに精通していることが求められているのだ。

世界から見た歌舞伎

親父・坂田藤十郎は、一九八一年に近松座を結成した。そのきっかけは、一九七一年にイギリスで、シェイクスピアを演じていた名優ローレンス・オリヴィエ氏との出会いだった。

そのとき、英国には、シェイクスピアを専門に上演する劇団RSC（ロイヤル・シェイクスピア・カンパニー）があるが、日本には、近松門左衛門《ちかまつもんざえもん》の作品だけを上演する劇団があるのかと聞かれ、今はないが、いつかやりたいと思っていると親父は告げたそうだ。結成後、近松座はイギリス、アメリカ、ロシア、韓国、そして中国と、世界各地で海外公演を成功させている。

親父は近松を通して歌舞伎をグローバルに捉えたが、私も平成中村座などで海外公演を経験する中で、「（歌舞伎には）地球上に敵はいない」と自信を持っていうことができる。そして、世界という軸から歌舞伎を考えるようにもなった。

ニューヨークに建てた仮設劇場に、平成中村座ののぼり旗が立ったときは、感慨深いものがあった。そこだけ見慣れた日本の風景のようだった。

マンハッタンの街中に、歌舞伎のポスターが貼られた。白塗りに着物姿の日本人が、東の果てからやって来て、世界の大都市ニューヨークで何をしようというのか。ニューヨーカーたちはどんな気持ちで我々を迎えるのだろう。歌舞伎は理解されるのか。そんな気持ちが沸き起こった。この思いは、どの国、街に行っても同じだった。

しかし、私たちが四〇〇年の間、守ってきたもの――お客様を迎える心、芝居を楽しむための心地よい空間づくりから、芝居そのものまで――は、確かに世界に受け入れてもらえたと確信できた。

同じく平成中村座のドイツ・ベルリン公演の際に、通訳から、「ドイツ人はたとえ芝居が面白くても、途中で帰ってしまうお客様が多い。カーテンコールもないので、気にしないように」と言われていた。その腹づもりでいたのだが……実際は、数名しか帰るお客様はいなかったうえ、スタンディングオベーションとなったのである。

音楽に国境はないと言われるが、人間の感情にも国境はないのだ。親が我が子を慈しみ、子が親を思い、そして男女が恋に落ち、時に命をかけて愛を全うする。国や家の名誉をかけて男たちは戦場へ赴き、女は家を守る……。歌舞伎でよく描かれるストーリーだが、誰もが共感する感情は、国境や人種を超えて人の気持ちを揺さぶるのだとあらためて知った。

ミラノで公演した際は、世界的デザイナーのジョルジオ・アルマーニ氏が観劇し、吉《きち》右衛門《えもん》のおにいさんの楽屋を訪れた。「女形に会いたい」とのアルマーニ氏の要望で、私が呼ばれた。彼は私の着ていた衣裳の色に興味を示し、歌舞伎独自の色遣いや色の合わせ方について質問を受けた。赤い着物に鶸《ひわ》色の帯、桜の模様に金糸の縁どりや刺繍。生地に触れ、感嘆の声を挙げていた。ファッションの先端を創るデザイナーの目にも、新鮮に映る日本の伝統美を誇らしく思った。

三人で記念撮影をすることになると、「あなたは美しい女性なのだから、あなたが真ん中ですよ」と言われ、お二人が私を囲む形になったのには、参ってしまった。

一方で、歌舞伎だけが持つものに対し、世界中の人々はどう見ているのかと考えるときがある。例えば七五調のせりふ、日本髪の鬘に着物の衣裳など、外国人から見たら、まるで相撲の土俵入りの儀式のように見えるのではないかと思うと、不思議な感覚にとらわれる。

歌舞伎は総合芸術だ。大道具、小道具から衣装、鬘に至るまで、その水準の高さは世界でも類を見ないと思う。セリや廻り舞台、宙乗り、本水といった舞台装置の創意工夫は特筆ものだ。音楽も舞踊も日本独自のもので、演奏者や振付師には、その道の宗家や家元と呼ばれる人物が携わっている。

連綿と続く芸は、男子のみにしか許されない。襲名で名を継ぐために、（私のような例外もあるが）御曹司と呼ばれる多くの子供たちは、幼い頃から遊びもそこそこに、稽古に通い、厳しい教えを叩き込まれる。誤解を恐れずに言おう。裏を返せば、歌舞伎役者の芸を観るとは、あらゆることを犠牲にし、耐えてきた後に身に着けた珠玉を観ることに他ならない。それゆえに美しく、魂に訴えるものがある。

二十一世紀、世界のどこにこのような伝統に支えられたパフォーマンス集団が、存在しているだろうか。日本人は無論のこと、外国人にこそ、観て感じてほしいと思う。

2007年、平成中村座二度目のニューヨーク公演にて。マンハッタンの街中のあちこちに、『隅田川続俤法界坊（すみだがわごにちのおもかげほうかいぼう）』のポスターがあるのは、不思議な気持ちであった。この後、ドイツやルーマニアでも公演を行った。

第六章

人生語り

五十歳を過ぎて

十代の頃から、役者としての自分は、五十歳を過ぎてから始まると思っていた。既にその年齢を過ぎ、私にしかできない芝居の方向性が見え、鴈治郎家の人間としてのさらなる自覚が芽生えた今、辿ってきた道の真価が問われる時がきた。

学業優先という両親の方針で、歌舞伎から離れていた時期があったからこそ、この世界に二十二歳で戻ってきた際、固定観念がなく、様々な演出や稽古にも柔軟に対応でき、吸収できたのだと思う。

また、普通の学生生活を送ってきたことが、歌舞伎以外の多くの人々に出会う機会に恵まれ、役者としての引き出しを作ることができた。一つひとつの蓄積が今、開花しているような気がしてならない。

「秘すれば花」というが、私がこれまで積み重ねてきたことを見せる必要はないし、見せたらそれは花ではなくなる。秘しているからこそ花となる。ただ、一人の男として、役者としての経験や生き様が、この年齢にさしかかった今、ようやく体からにじみ出てくるのかもしれない。

しかし、すべての経験は必然だった。

そう思える私の心は、一点の曇りもなく澄み渡っている。

扇雀という一羽の雀は、かつて幼い雛だった。あまりに広い空に放り出され、己の弱さに傷ついたこともあった。しかし、あの小さかった雀はもはや雛ではない。歌舞伎という大宇宙の中で、小さくても自分が羽を広げられる場所、飛び立つ先を確かに得たのだ。

人生にはいくつかの転機がある。まずは今、この心境に到達したことを、新たな機会と捉えようと思う。そして、これらから先の半生を進むよすがとして、私の人生観を整理してみるのも、悪くない。

志《こころざし》は「離見の見」

役者として大切なことは、と尋ねられると、「離見の見《りけんのけん》」と答えている。稽古に明け暮れていた二十代前半に、武智鉄二《たけちてつじ》先生から教えていただいた。世阿弥《ぜあみ》の遺した言葉の中でも、最も有名なものの一つだ。早い段階でこの教えに出会えたことが、私の芝居観、ひいては人生観につながったと思う。

役者とは、観客の目があって初めて成り立つ職業である。役に入り、芝居に全力投球していても、常に自分を見つめる冷静な視点が必要だと痛感する。客席から見ているもう一人の自分を持て、ということだ。

世阿弥は観客を喜ばせることを何より重んじていたというが、これも「離見の見」で自分の舞台を見つめれば、自ずと湧き上がってくる気持ちであろう。

役者は、毎日自分の顔を鏡に映して化粧をする。見ているつもりの己は、実は鏡に映ったもので、観客が見ている姿とは異なるものだ。つまり、自分の瞳を自ら観ることができないように、「本当の私」は、他者からしか見ることができない。

この考え方は、生き方においても応用することができる。人は一人で生きることはできない。私たちの人生は、常に他者との関係があって成り立つものである。私はプライベートにおいても、「離見の見」の意識で生きることを、念頭に置いてきた。

しかし、「離見の見」とは、「汝自身を知れ」という言葉の如く、己を深く知ることで他者との関係も良好になるという、極めて簡潔な生き方だと解釈している。

運命決定論

私は、人の運命というものは決まっていると思っている。

一般的には宿命は決まっており、運命は変えられると言われている。しかし私は、運命さえ宿命のうちに組み込まれているのではないかと思うのだ。

トントン拍子で進んでいた物事が、自分の意に反して急に頓挫してしまう。ずっと追い求めていた願いが、叶わないこともある。口惜しさのあまり、噛んだ唇に血がにじむほどの思い……。誰にもこのような経験があるだろう。この私も元来の負けず嫌いの性分が災いして、自分の思い通りにならないと、自己嫌悪に陥ることもあった。

しかし、すべての出来事は、「決まっていた結果」だとしたらどうだろう。

逆境や困難に直面したときは、どこかに原因があるはずだと突き詰めずに、起きた状況を受け入れるのだ。この世には、どうやっても変えられないパワーバランスというものがある。

その怒りや悔しさをエネルギーに変えて、新たに取り組むことだ。そこで成功しても、すべて決められた通りに物事が運んだまでだと考えれば、自信過剰や自惚れを阻止できる。

夢がないと思われるかもしれない。人生のすべてが決まっているのなら、目標を持っても仕方がないと考えるかもしれない。しかし、なるようにしかならないのなら、どんなにもがいても無駄だと諦めるのではない。決まっているからこそ、一心に頑張るのだ。今のこの瞬間に集中し、持てる力のすべてを出す。希望は絶対に失くしてはならない。

この見方はパラドックスのようだが、「欲深く望むが、欲を持ってはいけない」ということだ。ネガティブに見えて、実はとてもポジティブなのだ。上手くいかなくてもプラスに考えることができる。

人には、それぞれに引かれた人生のレールというものがある。すべては運命だと捉えたら、そこから取り組むべきことが見えてくるはずだ。すべては決まっているのだから、逆にブレーキをかけずに突き進めばいい。そこでの努力を惜しんではいけない。

思考解放のすすめ

私は、楽屋で化粧をしながら役に入っていく。役になる時点で自己はなくなっている。鏡越しに映る自分を見ながら、「五十を過ぎた男が顔を白く塗り、いったい何をしているんだ」と思うことがある。それは自己への疑いではない。この状況を冷静に見つめている自分がいるだけだ。

そして幕が降りたら、その役は引きずらないようにしている。歌舞伎役者は昼・夜の部合わせて複数の役を演じることも多い。しかもそれが、二十五日間繰り返されるのだ。役を引きずってなど、いられないというほうがより近いのかもしれない。私は、役にとらわれることはないが、〝役者〟としての自己は常に持っている。日常の中で、街ゆく人を観察する習慣があることも、役者としての意識がそうさせているのだと思う。

緊張を強いられる舞台生活の中では、積極的に思考を解放するようにしている。ここ数年の私は、舞台を年間平均十ヵ月勤めるため、休みは二ヵ月になる。その休暇期間でさえ、他の仕事をこなしているので、完全な休日は一年に三十日ほどだ。

そこで、ほとんど休みがないのなら、芝居が終わった毎夜を休日だと思ってしまおうと決めた。映画や読書といった娯楽のほか、友人との食事など、躊躇せずに楽しむ。この過ごし方を「エブリナイトサンデー」と呼んでいる。

特に芝居が終わった後は、バーに立ち寄ることで、リラックスできる時間を設けている。地方公演のときには、その土地にある気に入りのバーに行く。街の喧騒から離れて、一人になれる時間を過ごす。マスターとの心地よい距離感と美味しい酒が、時には辛く、疲れた気持ちを溶かしてくれる。

歌舞伎役者は、孤独な仕事だと痛感する。一日の公演において、二〇〇〇人に近い観客を前に勤めなければならない。ひとたび板の上にあがれば、誰も助けてはくれない。何が起きようと与えられた人物の生を演じなければならない。しかし、これは、曾祖父の代から我が家の男たちがしてきたことだ。舞台で最高の芸をお見せできるよう、鍛錬することはいとわない。そして、役者としての自分に英気を養えるように、林浩太郎として過ごす時間を大切にしていきたいと思うのだ。

非日常を演じる役者だからこそ、日常のありふれた瞬間を大切なものにしたいと思うのかもしれない。

宇宙時間で見る一瞬の命

若い頃は自分の歩みだけに忙しかった。しかし役者人生も中日を過ぎると、次世代に何を残して繋いでいくかを深く考えるようになった。一日の舞台が終わり楽屋を出ると、夜空に輝く星を見て、ふと幼少の自分を思い出す。

小学生の私は、天文部に所属していた。ねだってやっと買ってもらった天体望遠鏡から、漆黒に浮かぶ月や星を観察しては、夢中で星座の名前を覚えたものだ。夏休みには田舎に行き、田んぼの畦道に寝そべって、流れ星を数える。目が闇に慣れてくると、一時間に百個近くも観測できた。この星の光は数万年前の姿だと思うと、この自分のなんと小さく限りあることだろうと感じた。

無限に広がる夜空と自分を比して、宇宙の存在を実感した。今いるこの場所や己でさえ、宇宙の構成要素の一部に過ぎない。たとえ与えられた人生だとしても、自分ができることをやり遂げたいとの気持ちは、漠然と持っていた。

歌舞伎役者として、遅いスタートだった。名門と呼ばれる家系に生まれたにもかかわらず、大学を卒業するまでごく普通の暮らしを送ってきた。

二十二歳で歌舞伎に復帰したが、一人前になるまで必死に稽古をする毎日だった。目標に全く追いつかない役者としての人生を、本気で辞めようと思った。

しかし、舞台に立たせなかった両親を恨んだことはない。親父とお袋には、我が子に対する教育の考えがあった。幼い頃から稽古を積んだからといって、舞踊や芝居が上手くなっていたかは分からないのだ。「もしもあのときに……」は、考えないようにしている。

いくつかの出会いと転機が訪れ、役者を好きになり、歌舞伎を愛するようになった。歳を重ねて、やりたいこと、やらねばならぬことが湧くように出てくる。すべては、運命という宇宙のはからいで決まっていたことかもしれない。

ならば私は、それを潔く引き受けよう。時の流れと共に、有限である命の尊さを感じずにはいられない。

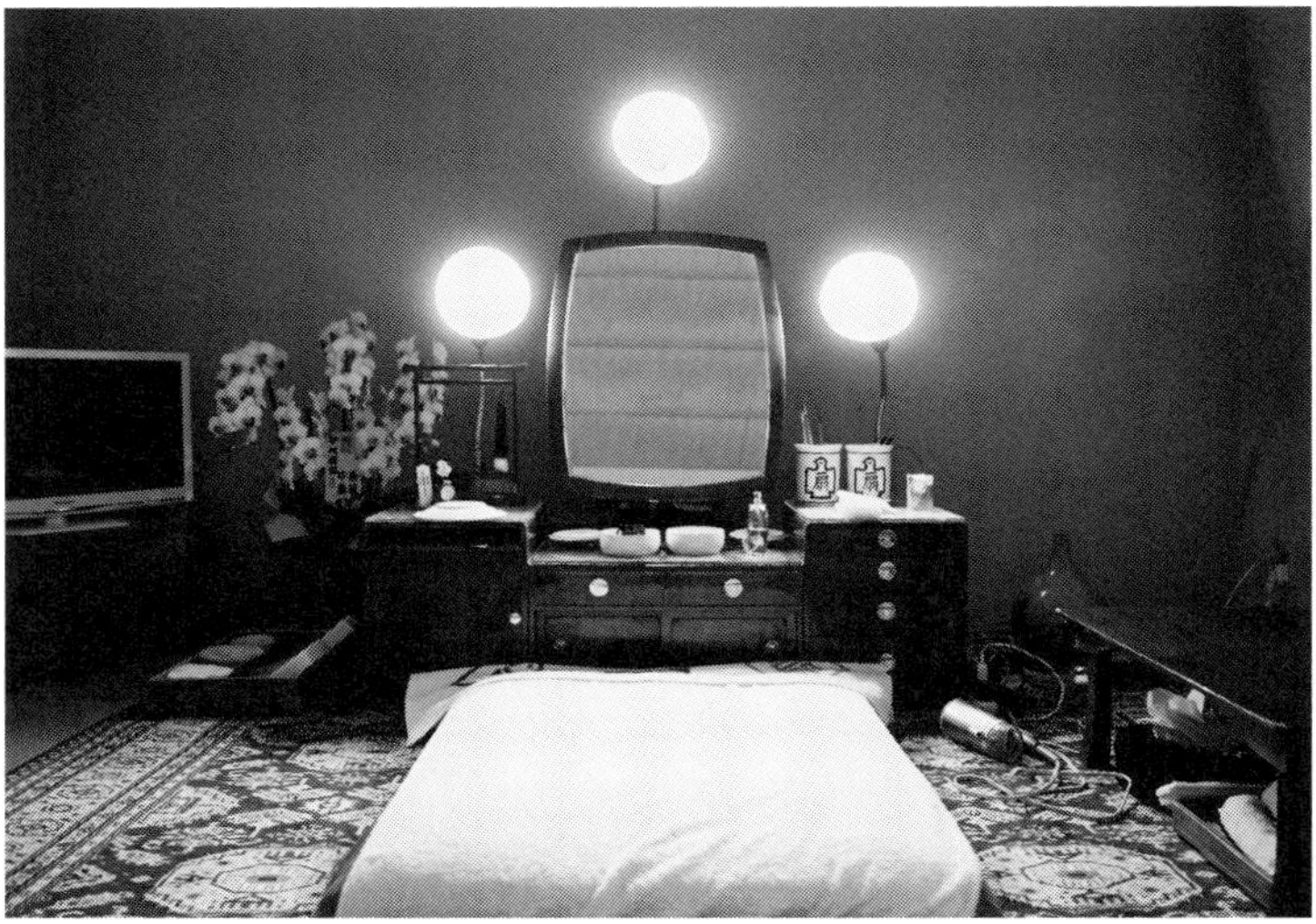

私の化粧前（けしょうまえ）は、扇雀襲名の折、自ら図面を描いて特注したものだ。取っ手にはすべて、私の定紋「寒雀に扇」が彫ってある。筆立て、白粉を入れる器も定紋入りだ。先祖の演じた役をするときは、曾祖父や祖父の写真を置くこともある。

エピローグ——渋谷の夜

私の初めての本に、幕をおろす時間が迫ってきた。

鴈治郎家のホームタウン、大阪の夜の街で、両親と共に幕を開けたこの本は、私の生まれ育った渋谷の街、シアターコクーンの楽屋で終演となる。

問わず語りに私の歌舞伎人生をお話してきたつもりだが、自分についてこれほど考えた時間もなかった気がする。お付き合いいただいたことに、心から感謝したい。芝居と違い、この本はいつでも開くことができる。扇雀という役者の話を、もしもまた聞きたいと思ったら、ページをめくってほしい。

開演三十分前を告げるアナウンスが流れた。

白く塗った顔に紅を差している男に、鏡の中の男が問う。

お前は何をしているのか。

お前は誰だ。

俺は歌舞伎役者、そして三代目中村扇雀だ。

暖簾の向うから柝の音がする。

今日も幕は開く。

あとがき

五十六歳という年齢は、歌舞伎の世界では中堅と呼ばれる世代だ。あと二十年、いや三十年、私は舞台に立っていられるのだろうか。一般的に定年とされるまでに、あと十年しか残されていない。また、哲明《のりあき》（十八代目中村勘三郎《かんざぶろう》）さん、夏雄《なつお》にいさん（十二代目市川團十郎）、寿《ひさし》（十代目坂東三津五郎）さんと、立て続けに先輩方が亡くなり、役者として一つの転機を迎えていた。

このタイミングで、私のこれまで歩んできた歌舞伎人生を一冊の本にまとめる機会をいただいたのは、巡り合わせだと感じずにはいられなかった。

役者とは、舞台の役を通してお客様と触れ合い、演じる役の中に扇雀を観ていただくものだ。素の自分が、決して役に出てはならないと考えている。

その一方で、舞台を離れた私に会ってみたいと思われるお客様が、楽屋口の外でお待ちのときがある。お客様と直接お会いできることは、本当に嬉しい。扇雀という役者を演じる私の人となりに興味を抱いてくださったのだろう。

本書を、扇雀という役者の参考資料と思っていただければ幸いだ。

今年八月、歌舞伎座『廓《さとの》噺《うわさ》山《やま》名《な》屋《や》浦里《うらざと》』の千穐楽では、通常はないカーテンコールが起こり、幕を開けると満員のお客様が総立ちで、我々を迎えてくださった。演出にはない一期一会の瞬間に体が震えた。お客様とスタッフに支えられて、この感動を味わえる自分の人生（職業）を心から喜んだ。

同時に、この舞台に立っている自分は、どこから来てどこへ行くのだろうと思わずにはいられなかった。本書の取材を通して、あらためて自己を再発見することができ、その問いを記す機会をいただいた。

出版にあたり、論創社・社長の森下紀夫氏、そして編集担当の中澤明子氏、私のとりとめもない話に辛抱強く耐えてくれたライターの三尋木《みひろぎ》志保氏に、この場をお借りして心から御礼を申し上げたい。

この本を手に取っていただいた方々へ、最後までお付き合いくださり、ありがとうございました。

皆さま、またどこかで役者・中村扇雀とお会いしましょう。

二〇一六年十二月

三代目中村扇雀

❖著者略歴

中村扇雀（なかむら・せんじゃく）

一九六〇年十二月十九日東京生まれ。四代目坂田藤十郎、扇千景の次男。兄は四代目中村鴈治郎。長男は中村虎之介。

一九六七年十一月歌舞伎座『紅梅曾我』の箱王丸と『時雨の炬燵』の倅勘太郎で中村浩太郎を名乗り初舞台。

一九六九年十一月国立劇場『椿説弓張月』の島君を最後に、学業優先のため休業。

一九八三年三月慶應義塾大学法学部政治学科卒業。在学中は体育会ゴルフ部に在籍。

一九八三年五月京都南座にて『土屋主税』の河瀬六弥で舞台復帰。

一九九五年一月大阪・中座『本朝廿四孝』の八重垣姫と『曾根崎心中』の徳兵衛で三代目中村扇雀を襲名。

写真：小林正明（一一〇頁）
　　　花房　遼（七六・一三七・一六五頁）

協力：松竹株式会社

三代目扇雀を生きる

二〇一七年二月二〇日　初版第一刷印刷
二〇一七年二月二五日　初版第一刷発行

著　者　中村扇雀
発行者　森下紀夫
発行所　論創社
〒一〇一−〇〇五一
東京都千代田区神田神保町二−二三　北井ビル
電　話〇三−三二六四−五二五四
ＦＡＸ〇三−三二六四−五二三二
web. http://www.ronso.co.jp/
振替　〇〇一六〇−一−一五五二六六

組版・装幀　永井佳乃
印刷・製本　中央精版印刷

ISBN978-4-8460-1584-8